生活厚黑心理學

LIFE THICK BLACK

THEORY

永續圖書線上購物網
WWW.foreverbooks.com.tw

讀品文化事業有限公司

yungjiuh@ms45.hinet.net

幻想家系列 31

生活厚黑心理學

編　　著	汪力達
出 版 者	讀品文化事業有限公司
執行編輯	林于婷
美術編輯	劉逸芹

社　　址	22103　新北市汐止區大同路三段 194 號 9 樓之 1
	TEL／(02)86473663
	FAX／(02)86473660
總 經 銷	永續圖書有限公司
劃撥帳號	18669219
地　　址	22103　新北市汐止區大同路三段 194 號 9 樓之 1
	TEL／(02)86473663
	FAX／(02)86473660
出 版 日	2014年10月

法律顧問	方圓法律事務所　涂成樞律師
CVS代理	美璟文化有限公司
	TEL／(02)27239968
	FAX／(02)27239668

國家圖書館出版品預行編目資料

生活厚黑心理學 / 汪力達編著.
-- 初版. -- 新北市 ：讀品文化，民103.10
面 ；　公分. -- (幻想家 ；31)
ISBN 978-986-5808-66-2(平裝)
1.應用心理學

177　　　　　　　　　103016552

Chapter 1 大巧若拙，低調做人

Chapter 2 隨機應變，厚而無形

Chapter 3 處世有道，軟硬兼施

目錄

生活厚黑
心理學

Life Thick

大巧若拙，低調做人

裝糊塗，萬事皆可達

　　清代著名畫家鄭板橋有一句名言叫「難得糊塗」，是指在官場上做事的艱難、曲折與苦衷。但是，這句話同樣適用於立身處世面厚心黑，就是善於不糊塗裝糊塗，得過且過，矇混過去就算了。在平常處世交往中有些事情伸縮性大，變通性強，問題的真相本身也不甚了了，這時你就可以用這種辦法來對付。

　　厚黑學認為，這種方法的具體運用，大體有兩個方面：一個是「閃爍其詞法」；一個就是「答非所問法」。也就是說，現實生活中，人們在進行言辭交往時，經常會碰到一些自己不能回答或不便回答的問題。對此，又不好拒而不答。這時，只有想方法的閃避一下才是上策。在厚黑學看來，一般情況下，當你採用了閃避迴旋的策略後，別人就不會不知趣地窮追不捨了。這種方法就是從立身處世面厚心黑角度出發的，它的要求是對別人所問，應當回答，但答要答得巧妙，明明知道對方的真實目的，但有意迂迴地達到閃躲、迴避別人問話的目的。既要讓別人不致

難堪下不了臺，又要維護自己不便回答的原則。

東漢末年，曹操逼得劉備幾無立錐之地，又陳兵長江，率百萬雄師，迫孫權臣服。東吳抵抗的重任，落在周瑜的肩上。

然而，東吳五、六萬兵，要和百萬雄師對抗，無異螳臂擋車，蚍蜉撼樹，不要說進攻，連防守都十分困難。在這樣的時候，如果再不爭取主動，東吳肯定被曹操碾碎。周瑜知道北軍都是旱鴨子，不善水戰，就想先除掉曹操的水軍都督蔡瑁、張允。這兩人原是劉表部下歸降曹操的，周瑜知道這是一個突破口，卻無計可施。

一日，他正在帳中議事，聞報同學蔣幹來訪，便笑對諸將說：「曹操的說客到了。」此時靈光一閃，計上心來，吩咐各將領如此如此，這般這般，各將領命而去。

周瑜出迎，一見蔣幹便問：「子翼（蔣幹的字），隔江來訪，是不是來做說客，勸我投降曹操？」

蔣幹愕然，但他也是個聰明人，隨即答道：「什麼？你太多疑了，你我同學一場，離別太久，特來敘舊罷了，為什麼懷疑我當說客呢？」

周瑜笑答：「聞弦歌而知雅意，在這個緊急關頭一」

　　蔣幹憤然作色，説：「你待同學這樣疑心，那麼再見吧！」

　　周瑜立即挽住蔣幹的胳膊，笑説：「不過説句笑話罷了，老友嘛，客氣什麼？既然老兄不是來做説客，不妨住在這裡玩幾天，敍 舊情。」

　　就不由分説，把蔣幹請入帳去，傳令文武各官與蔣幹見面，大擺宴席，又故意對各將士説：「蔣先生雖從江北來，卻不是曹操的説客，各位不要見疑！」説完，把佩劍交給太史慈，説：「你拿著我的劍作監酒。今天宴飲，只 舊情，或談詩詞歌賦，如有提起曹操和本國軍情者，可即席處斬！」

　　面對這先發制人的做法，蔣幹驚愕，卻不好也不敢説什麼。周瑜又説：「我自領軍以來，從沒有飲過酒，今日得見老同學，不醉不歸！」

　　接著就是頻頻舉杯，不亦樂乎。

　　大家都有點醉意了，周瑜拉著蔣幹的手，在帳外漫步。周瑜問：「你看我的將士英勇嗎？」

　　蔣幹答：「果真名不虛傳，強將手下無弱兵啊！」

　　又到帳後，見糧草積如丘山。周瑜問：「你看軍糧充足否？」蔣幹忙應：「果然兵精糧足，你真不愧文武全

才！」

周瑜佯醉狂笑：「想我周瑜當年和你同學之時，做夢也想不到會有今日呢！」

「那是必然，以兄之才，實在不為過分！」

「大丈夫處世，有這樣的際遇，死而無憾！遇知己之主，名雖君臣，情同骨肉，言必聽，計必從，禍福相依，甘苦共嘗，縱使蘇秦張儀再生，也不會使我改變主意了！」

這明明是一種暗示，嚇得蔣幹面如土色。兩人回帳複飲。直到夜深，盡興而散。周瑜裝作大醉，挽住蔣幹，說：「今晚要聯床夜話，說個痛快！」

兩人同床異夢，各懷鬼胎，卻都裝作爛醉。

二更已過，蔣幹心懷鬼胎，如何睡得著？起身一看，殘燈尚明，周瑜鼾聲如雷，蔣幹看見桌子上有一疊公文，躡手躡腳走過去一看，都是來往書信，內有一封寫著張允、蔡瑁謹封，急取觀之：「某等降曹，實迫於形勢。今已賺北軍困於寨中，一有機會，就將曹賊的頭顱，獻於將軍……」

蔣幹暗驚，忙將信藏在身上。

那邊周瑜翻了個身，蔣幹忙吹熄蠟燭，潛步回到床

大巧若拙，低調做人

邊，聽到周瑜在說夢話：「子翼！這幾天之內，我要把曹賊的頭顱拿給你看！」

「唔—」蔣幹忙應。

「真的，子翼，我—我要你看他的腦袋。」「什麼？」蔣幹問他，那邊又鼾聲如雷了。蔣幹裝睡。已是四更了，聽得有人走進帳來，低聲喚「都督」！

「唔！」周瑜被搖醒了，矇矓中問：「床上睡著的是誰？」「這是都督的同學蔣先生呀，怎麼忘卻了呢？」那人答。「唉，糟糕！我平日未嘗飲酒，這次酒後會失事，不知道說過什麼沒有。」

「江北有人來了！」

「噓—」周瑜忙制止了，叫，「子翼！子翼！」蔣幹裝睡。

周瑜走到帳外，那人對周瑜說：「張、蔡二都督叫我來報，近日防範甚嚴，一時不能下手……」下面的話更低，聽不清楚。不一會兒，周瑜潛回，又叫蔣幹，蔣幹不應。周瑜又上床睡起來。

到了五更，蔣幹低喚周瑜，當然沒有應答，當即帶了小廝，忙忙趕回去了。

蔣幹把信拿給曹操一看，曹操大怒，當即把蔡、張

二人斬了。

接著，周瑜又使用了一系列計謀，一把火燒得曹軍焦頭爛額，敗回老巢。曹操元氣大傷，再無南進之力，三國對峙格局，就基本上形成了。

對於自信心十足，甚至有些自負的人，不要直接談到他的計劃，可以提供類似的例子，暗中提醒他。

要阻止對方進行危及大眾的事情時，須以影響名聲為理由來勸阻，並且暗示他這樣做對他本身的利益也有害。

想要稱讚對方時，要以別人為例子，間接稱讚他；想要勸諫對方時，也應以類似的方法，間接進行勸阻。

對方如果是頗有自信的人，就不要對他的能力加以批評；對於自認有果斷力的人，不要指責他所做的錯誤判斷，以免對方惱羞成怒；對於自誇計謀巧妙的人，不要點破他的破綻，以免對方痛苦難過。

說話時考慮對方的立場，在避免刺激對方的情況下發表個人的學識和辯才，對方就會比較高興地接受你的意見。

不用多說大家也會知道，以上的進諫方法，適合於下級對上級，也可以適用於一般的人際關係。如果能夠站

在對方的立場，替他考慮分析的話，那麼你就可以真正取得對方的信任。

齊國一位名叫陳斯彌的官員，其住宅正巧和齊國權貴田常的官邸相鄰。田常為人深具野心，後來欺君叛國，挾持君王，自任宰相執掌大權。陳斯彌雖然懷疑田常居心叵測，不過依然保持常態，絲毫不露聲色。

一天，陳斯彌前往田常府邸進行禮節性的拜訪，以表示敬意。田常依照常禮接待他之後，破例帶他到邸中的高樓上觀賞風光。陳斯彌站在高樓上向四面瞧望，東、西、北三面的景致都能夠一覽無餘，唯獨南面視線被陳斯彌院中的大樹所阻礙，於是陳斯彌明白了田常帶他上高樓的用意。

陳斯彌回到家中，立刻命人砍掉那棵阻礙視線的大樹。

正當工人開始砍伐大樹的時候，陳斯彌突然又命令工人立刻停止砍樹。家人感覺奇怪，於是請問究竟。陳斯彌回答道：「俗話說『知淵中魚者不祥』意思就是能看透別人的秘密，並不是好事。現在田常正在圖謀大事，就怕別人看穿他的意圖，如果我按照田常的暗示，砍掉那棵樹，只會讓田常感覺我機智過人，對我自身的安危有害而

無益。不砍樹的話，他頂多對我有些埋怨，嫌我不能善解人意，但還不致招來殺身大禍，所以，我還是裝著不明不白，以求保全性命。」

當一個人看透對方心意後，要決定採取何種行動，是相當困難的，其困難的程度或許更甚於透視對方心意，所以做人的手段，當以明白自己該怎麼做為第一大要，否則就會糊塗行事，不但辦不成事，而且還會增添更多的麻煩。按照成功學的原理，為人處世必須牢記「明白」二字，才能明察秋毫，判斷是非。否則眼前就會被「迷霧」籠罩。

現代的人心透視術也正要注意此點，不要讓對方發覺你已經知道了他的秘密，否則就完全失去了透視人心的意義。不過，如果故意要使對方知道你能看穿他心意的話，當然就不在此限之內。

辛苦得到的透視人心的武器，究竟應該如何運用？這要視各人的立場來決定，例如：

對方自以為得意的事情，我們要儘量加以讚揚；對

Life Thick

方有可恥之事的時候，要忘掉不提；當對方因為怕被別人議論為自私而不敢放手去做的時候，應該給他冠上一個大義名分，使他具有信心放手去做。

　　能透視對方的內心，只不過使你得到一種利器罷了，更重要的是，你要如何使用抓在手中的這把利器？如果不懂得使用的方法，只知道手拿利器亂揮亂舞，不但不能擊中別人，相反，很有可能傷害到自己，因此切勿亂用這把容易傷人的利器。

鋒芒畢露易惹禍端

　　槍打出頭鳥是自然而然的事嗎？在客觀世界中，類似的事情很多，只是人們已經司空見慣罷了。在社會生活中，這類事情也是屢見不鮮。我們在工作、學習中或多或少地都會遇到「槍打出頭鳥」的狀況，恐怕有時自己也都是受害者。君不見，有的人工作成績突出受到上級的表揚獎勵。這本來是一件好事，上級表揚和肯定一個人的工作是要引導大家向他學習。但事與願違，這種表揚獎勵往往搞得這個人很尷尬。風言風語、冷嘲熱諷會隨之而來，甚至有人還會顛倒黑白向受表揚的人施放冷箭、潑冷水。搞得誰也不願意再出頭，只能是得過且過了。

　　嫉賢妒才，幾乎是人的本性。願意別人比自己強的人並不多，所以有才能的人會遭受更多的不幸和磨難。木秀於林，風必摧之。

　　古人稱：「鶴立雞群，可謂超然無侶矣，然進而觀於大海之鵬，則渺然自小，又進而求之九霄之風，則藐乎莫及。」山外有山，人外有人，在做學問做官時，只要以

「謙」字鋪路，你就會在人際關係上做到遊刃有餘，將來才會對自己、對社會盡到責任，才會有所作為、有所成功。而妄言輕人即使才華橫溢也難以成就大業。

中國古語稱：「美好者，不祥之器。」意思是事物過於完善美好了，必定會帶來毀滅的結果。古人曾反覆告誡世人，要防別人嫉妒之心，無論求名求利都不能太完美，這才是立身之本。在這一方面，唐朝的名臣李義琰就是榜樣。

李義琰曾為唐朝宰相，他的住所沒有像樣的房舍，他的弟弟為他買了建房的木料。李義琰知道這件事後，對弟弟說：「讓我擔任國家的宰相，我已經感到非常慚愧，怎麼可以再建造好的房舍，從而加速罪過和禍害的到來呢！」其弟說：「凡是擔任地方丞、尉官職的，尚且擴建住宅房舍，你位居宰相，地位這麼高，怎麼可以住在這樣狹小低下的宅舍中呢？」

李義琰回答：「人們希望中的事情很難完全實現；兩件事物不可能同時光盛。已經處在顯貴的官位，又要擴展自己的居室宅舍，如果不是有美好的品行，必然遭到禍害。」他最終沒有答應建房。後來，木料也腐朽了，只好扔掉。房子雖然沒蓋成，但謙遜的美德已經養成了，自己

生活厚黑
心理學

的地位也穩固了，這樣的策略當然更高明。

同樣地，曾國藩也懂得這一點，在家中更以簡樸而著稱，妻子和兒媳雖貴處於相府之尊，仍然紡織勞作，這不是模仿李義琰的所為嗎？曾國藩之所以以「謙」為立身之本，還有一層深意，那就是為了提防朝中的政敵借題發揮，使自己在如日中天之時被人抓住把柄，槍打出頭鳥，因小失大。而在這一方面，古代可是有例在先的。

大凡君主和統治者沒有誰希望自己的下屬高明過自己的，而鋒芒畢露之人就不免要為自己的下場負責了。三國時的楊修就是如此。楊修才華橫溢，思維敏捷，有一次，曹操曾建造一園，造成後，曹操去看時，沒有發表任何意見，只揮筆在門上寫了一個大大的「活」字，眾人不解，只有楊修說：「門裡添個『活』字，就是『闊』了，丞相嫌這園門太闊了。」眾人這才恍然大悟，工匠趕緊翻修。曹操心裡非常高興，但是當他得知是楊修把他的意思「翻譯」出來時，嘴上不說，心裡卻已經開始妒忌楊修了。

又有一次，塞北送給曹操一盒酥餅，曹操在盒上寫了「一盒酥」三字便放在一邊。楊修看見後，竟招呼眾人把這一盒酥分吃了，曹操知道後便問為何這樣，楊修回答

大巧若拙，低調做人

説：「你明明寫著『一人一口酥』，我們怎敢違抗您的命令呢。」曹操心中更加妒忌楊修了。

後來，劉備攻打漢中，曹操親率四十萬大軍迎戰，於漢水對峙日久，曹軍進退兩難。一日，廚師端來雞湯，曹操正若有所思，見碗底雞肋，心有所感。這時夏侯入帳請教夜間號令，曹操順口説：「雞肋！」於是，「雞肋！雞肋！」的軍令便在軍中傳開了。楊修聽到這個號令後，便命軍士收拾行裝、準備撤退。夏侯聞訊一驚，忙把楊修請到自己帳中詢問，楊修説：「雞肋者，食之無肉，棄之不捨。今進不能勝，退恐人笑，在此無益，來日魏王必班師矣。」夏侯仔細一想，覺得很有道理，也命令軍士打點行裝。曹操聞訊，不由暗嘆楊修的心計，殺楊修之心更甚，於是以擾亂軍心的罪名將楊修斬了。

曾國藩深通文韜武略，也深知功名靠不住其害無窮。所以他「以出世的精神，做入世的事業」，不把功名放在心上，成為中國近代少有的「內聖外王」的典範。他反覆囑咐兒子曾紀澤要謹慎行事，甚至不讓大門外掛相府、侯府這樣炫耀的匾額。很多位居高官的人或者尸位素餐，或者請求致仕，主要就是收斂鋒芒，低調做人，以免成為眾矢之的啊！所以古人説：「露才是士君子大病痛，

尤莫甚於飾才。露者，不藏其所有也。飾者，虛剽其所無也。」人的名氣一大，流言便會滿天飛，稍有不慎，必將惹下大禍。在名利場中，要防止盛極而衰的奇災大禍，必須牢記「持盈履滿，君子兢兢」的教誡。「欹器以滿覆，撲滿以空全」，這是世人常用的一句自警語。欹器是古人裝水的一種巧器，呈漏斗狀，水裝了一半它很穩當，但裝滿了，它就會傾倒。撲滿是盛錢的陶罐，它只有空空如也，才能避免為取其錢而被打破的命運。中國人的傳統觀念是：居官要時時自惕，時時處處謹慎，切勿不留餘地。越是處權勢之中，享富貴之極，越是要不顯赫赫奕奕的氣派，收斂鋒芒，以保退路。在官場熱鬧處要能留一雙冷眼，避免無形中的殺機。

「人不知而不慍，不亦君子乎！」可見人不知我，心裡老大不高興，這是人之常情。尤其是年輕人，總是希望在最短時間內使人家知道你是個不平凡的人。想讓全世界都知道，當然不可能，使全國人都知道，還是不可能，使一個地方的人都知道，也仍然不可能，那麼至少要使一個團體的人都知道吧！要使他人知道自己，當然先要引起大家的注意，要引起大家的注意，只有從言語行動方面著手，於是便容易露出言語鋒芒，行動鋒芒。

Life Thick

　　鋒芒是刺激大家的最有效方法，但若細細看看周圍的同事，若是處世已有歷史、已有經驗的同事，他們卻與你完全相反。「和光同塵」、毫無棱角，言語發此，行動亦然。個個深藏不露，好像他們都是庸才，誰知他們的才能頗有位於你上者；好像個個都很訥言，誰知其中頗有善辯者；好像個個都無大志，誰知頗有雄才大略而願久居人下者。但是他們卻不肯在言語上露鋒芒，不肯在行動上露鋒芒，這是什麼道理？

　　因為他們有所顧忌。言語鋒芒，便要得罪人，被得罪的人會成為你的阻力，成為你的破壞者；行動鋒芒，便要惹人妒忌，妒忌你的人也會成為你的阻力，成為你的破壞者。你的四周，都是你的阻力和你的破壞者，在這種情形下，你的立足點都沒有了，哪裡還能實現你揚名立身的目的？

　　年輕人往往樹敵太多，與同事不能水乳交融地相處，就是因為言語鋒芒的緣故。言語所以鋒芒，行動所以鋒芒，是急於求知於人的緣故。處世已有歷史和有經驗的同事，之所以「以覿合歡」，也是因為曾受過這種教訓。

　　陳先生在年輕時代以兼有三種特長而自負，筆頭寫得過人，舌頭說得過人，拳頭打得過人。在學校讀書時，

已是一員狼將，不怕同學，不怕師長，以為他們都不及他人。初入社會，還是這樣的驕傲自負，結果得罪了許多人。不過他覺悟很快，一經好友提醒，便連忙負荊請罪，倒是消除了不少的嫌怨，但是無心之過仍然難免，結果終究還是遭受了挫折。俗語說，久病成良醫，他在受足了痛苦的教訓後，才知道言行鋒芒太露，就是自己為自己前途所安排的荊棘。有人為了避免再犯無心之過，就故意效法金人之三緘其口，即使不開口，也要多方審慎。雖然「矯枉者必過其正」，但是要掩蓋先天的缺點，就不能不如此。因此若聽見旁人說你世故人情太熟，做事過分小心，不但不要見怪，反而要感到高興才是。

當然也許有人會說，採用這樣的辦法不是永遠無人知道嗎？

其實只要一有表現本領的機會，你把握這個機會，做出過人的成績來，大家自然就會知道。這種表現本領的機會，不怕沒有，只怕把握不牢，只怕做的成績不能使人特別滿意。你已有真實的本領，就要留意表現的機會，沒有真實的本領，就要趕快從事準備。

《易經》上說：「君子藏器於身，待時而動。」無此器最難，有此器不患無此時。鋒芒對於你，只有害處，不會有益處，額上生角，必觸傷別人，你自己不把角磨平，別人必將力折你的角，角一旦被折，其傷害更多，而鋒芒就是人額頭上的角啊！

　　一個人事業有成、春風得意，難免鋒芒畢露。若不知收斂，一味賣弄乖巧，耍小聰明，甚至逞強鬥勇，定會傷及上下左右，招致詆毀誹謗，最終落個聰明反被聰明誤的下場。如果糊塗一點，大智若愚，藏巧於拙，如孫臏裝瘋賣傻、司馬懿裝傻充呆，不僅保全了身家性命，而且也為最後取得勝利奠定了基礎。因此，韜光養晦，來點糊塗，未嘗不是明哲保身之道。

厚積人氣，不輕易得罪人

做事的基本原則應該是不可過多樹敵，更不可過多得罪別人，這樣你的朋友就會增多，你的敵人就會減少。

古人早在《鬱離子》中就曾經指出，處世之法不宣樹敵太多，因為樹敵太多會觸犯眾怒。中國傳統上認為「多個朋友多一條路，少一個朋友添一堵牆」，自古自恃才高氣傲之人常犯這類錯誤，最後都會導致失敗。

戰國時期，齊國大夫夷射，在接受國王的宴飲後，酒醉飯飽而出。此時擔任王宮守門的小吏請求說：「給我一點兒酒喝吧。」夷射斥責說：「一個下賤的守門人也想飲用國王的美酒嗎？滾開。」夷射走遠後，小吏在門前，將碗裡的水潑在郎門的接水槽中，類似小便的樣子。天明以後，齊王出來對小吏呵責說：「昨天晚上，是誰在此處小便呀！」小吏回答說：「夷射，在這地方站立過。」齊王大怒，因此誅殺了夷射。

一個卑賤的守門人因為被大臣所污辱，竟然設計要了大臣的命，由此可見結怨的害處。古人正是看到結怨的

害處，才警示人們不可輕易得罪人。

香港巨富胡金輝在介紹他的成長時，曾告誡人們說：「處世方面，另外有一點，我覺得很重要的就是千萬不要得罪人！越有地位，越不應該得罪人，寧願得罪自己好過一些。」

美國總統林肯以偉大的業績和完美的人格獲得了人們的衷心敬仰，他的許多事蹟世代被人們傳誦。但他在成長道路上也曾因為愛得罪人而經歷了不少的坎坷。

林肯年輕時，住在印第安那州的一個小鎮上，不僅專找別人的缺點，也愛寫信嘲弄別人，且故意丟棄在路旁，讓人拾起來看，這使得厭惡他的人越來越多。後來他到了春田市，當了律師，仍然不時在報上發表文章為難他的反對者。有一回做得太過分了，把自己逼入困境。

一九四二年秋天，林肯嘲笑一位虛榮心很強又自大好鬥的愛爾蘭籍政治家傑姆士‧休斯。他匿名寫的諷刺文章在春田市報紙上公開以後，市民們引為笑談，惹得一向好強的休斯大發雷霆，打聽出作者的姓名後，立刻騎馬趕到林肯的住處，要求決鬥。林肯雖然不贊成，卻也無法拒絕。身高手長的林肯選擇了騎馬用劍，請求陸軍學校畢業的學生教授他劍法，以應付密西西比河沙灘的決鬥。後來

生活厚黑
心理學

在雙方監護人的排解下，決鬥風波才告平息。

　　這件事給林肯一個很深的教訓，他認識到批評別人、斥責別人甚至誹謗別人的事是最愚蠢的人才會做的，而一個具有優秀品質並能克己的人，常常是揚棄惡意而使用愛心的人。林肯從此改變了自己對人刻薄的做法，以博大的胸懷贏得了民心，林肯的教訓及成功是值得我們仔細體會的。

　　美國前副總統安格紐以失言出名。他曾激烈指責新聞界的是非，説：「老是作反政府言論的大眾傳播物，簡直是叛徒。」這句話在新聞界傳播後，引起了極大風波，招致了新聞界的合力圍攻，即使他要收回這句話，也已經太晚了。後來時代雜誌的哥拉姆斯特分析説，這只怪安格紐用錯了一個字，如果把mass media（大眾傳播物）的複數形換作單數形，就不會有什麼風波了。這是因為以複數代替單數等於指責了所有新聞廣播界，觸犯了眾怒。所以，如果我們要表示指責或批評時，應儘量採取「有的人」「個別人」這樣的單數稱謂，不要由此而招來大家的怨恨。

減少眾怒的另一種方法是利用言語的歧義開脱一部分被攻擊者，這樣有利於減少眾怒。在這一方面，馬克‧吐溫的策略是較為成功的。幽默大師、美國著名作家馬克‧吐溫有一次對人民發表了演説。在演説中，他義憤填膺地説：「美國國會中有些議員是狗婊子養的！」

　　這樣的一句，引起了美國國會議員們的鼓噪，説是人身攻擊，一定要馬克‧吐溫道歉。

　　後來，馬克‧吐溫就在報上登了一則《道歉啟事》：「美國國會議員中有些議員不是狗婊子養的！」那些吵鬧的議員終於無話可説。由於馬克‧吐溫巧用辭彙，以減少眾怒，因而使得當時激起的國會議會風潮得以平息。

甘 居一人之下

　　幾年前看過一篇工商人物的專訪，受訪者是一位電腦業的老闆，這位老闆提到他的企業與另一家孰大孰小的問題。他說他不想去跟那一家比，也不必去跟他比。他強調他採取的是「老二政策」。他說，當「老大」不容易，因為不論研發、行銷、人員、設備，都要比別人強。為了怕被別的公司超越，便不斷地擴充、投資。

　　換句話說，要花很大力氣來維持老大的地位！他說，這樣太辛苦了，而且萬一沒弄好，不但老大當不成，甚至連當老二都不可得。這只是他個人的想法，因為並不是當老大就一定會很辛苦，有人就當得輕鬆愉快，因此當老大或老二還是老三完全是觀念問題！

　　不過這位老闆所說的卻也是事實—當「老大」的，要費很大力氣來維持「老大」的地位！不只從事企業是如此，上班族拿薪水也是如此。主管是一個部門的「老大」，該老大為了保住他的位子，不但要好好帶領手下，還要和上級長官搞好關係，以免位子不保；有功時，主管

當然功勞第一，但有過時，主管當然也是首當其衝，但當副主管的就沒這麼多麻煩，表面上看來他不如主管風光神氣，但因為上有主管遮風避雨，可省下很多辛苦。所以很多人寧可當副手而不願當主管。當副手時沒事，一當主管就生病。可見當「老大」的難處。

這麼說，並不是不要你去當老大，如果你有當老大的本事，也有當老大的興趣和機會，那麼就去當吧！但如果你自認能力有限，個性懶散，那麼就算有機會，也不要去當老大，因為當得好則好，沒當好一下子變成老三老四，不但對自己是個打擊，在現實的社會裡，更會招來批評：「某某人不行」、「某某人下臺了，聽說很慘」……這些批評對你都是不利的。中國人一向扶旺不扶衰，你一從「老大」位子摔下來，落井下石的有，打落水狗的有，於是本來還可當老二的，卻連當老三老四都成問題了。

如果你事事都想極力表現自己，爭做老大，註定不會有好的結局。看看下面這個故事就知道了。

丟工作因為「表現太好」。小范畢業於某大學金融專業，畢業之後到一家國營大型企業擔任銷售助理一職，試用期六個月。

小范畢業以後和這家企業簽訂了試用期合同，銷售

生活厚黑
心理學

助理這個職位讓他覺得能夠完全發揮自己的能力。在業務方面，小范表現得十分出色，一次業務談判連老總都對他刮目相看。但令人意外的是，六個月試用期結束時，公司人事部門卻委婉地告訴他：「假期結束後，你不用來公司報到了。」

「現在想想，可能是我表現太好了，有些人際關係的問題沒有注意，反而丟了工作。」丟掉工作後的小范向朋友說起這件事時只能苦笑。當時，通過層層面試進入公司，小范自然想好好表現，但是過猶不及。事後才知道，單位主管和同事對他的能力沒有任何疑義，但是對於他的綜合表現給予了四個字—「鋒芒太露」。過於希望嶄露頭角，不注意處理人際關係，對於前輩同事也不夠尊重，這些都是小范的致命傷。更讓主管和同事難以接受的是，對於他們的一些錯誤，以及公司某些制度上的不健全，小范都會毫不保留地提出，絲毫不注意情面。

對於自己的意外出局，小范無奈地表示，可能自己對社會關係怎樣處理還不是很明白，想把事情做好結果卻適得其反。「就拿那次談判來說，我確實完成得很出色，但是後來覺得有些越俎代庖了。其實我只不過是個銷售助理，很多事情還是應該讓銷售經理來處理和決定。這點我

當時沒有意識到。後來老總表揚了我，反而讓我們經理臉上難看了。」雖然滿肚子委屈，但小范也無可奈何，只得接受這個事實。

經營企業也是如此。「龍頭老大」的位子一旦不保，就會給人「某某公司倒了」的印象，於是兵敗如山倒。力挽狂瀾？恐怕沒有那麼容易！「老大」之路，真是一條不歸路啊！所以，當「老二」的確也有其實際的地方，這也就是許多人寧當「老二」不當「老大」的原因。其實當「老二」還有其他的好處，靜看「老大」如何構築、鞏固、維持他的地位，他的成功與失敗，都可作為你的經驗和指標；可趁此機會培養自己的實力，以迎接當「老大」的機會（假如你有當「老大」的意願的話）；因為志不在「老大」，所以就不會太急切，造成得失心太重，不會勉強自己去做力不能及的事情，反而能保全自己，也會降低失敗的機率。因此，做事或經營企業，從老二、老三或老五做起都沒關係，就是先不要當「老大」！有一段童謠唱道：「老大屁股大，褲子穿不下。」當「老大」，麻煩真的很多哩！如能好好地當「老二」，當主客觀形勢形成，自然就會變成「老大」。這個時候的老大，才是真正的「老大」。會做「老二」並非真的是甘居人

生活厚黑
心理學

後，而是可以從做「老二」中嘗到更多的甜頭，從而使自己的創業在一開始就可以「搭便車」獲得利潤。臺灣企業的經營管理的概念中，有一種叫「老二哲學」的說法，就是不做第一，不做第三，而只是緊緊跟在排名第一的後面做老二，瞄準機會再衝刺第一。或許是暫時不願做「出頭鳥」，或許是想掛在後面搭個便車，但最終是沒有一家會甘居第二的，「老二」也只是個過渡。創業者在創業之初，要學會做「老二」。

　　做人也好，經營企業也好，不要一心只想做老大，槍打出頭鳥，所以，不妨低調一些，做一下老二，也許會是另外一番天地。

　　不管是在職場，還是在生活中，都要學會掩其鋒芒，低調做人，學會深沉，學會深藏不露，做老二，不做老大。這樣，人生的道路才會少一些嫉妒的目光，少一些故意的陷害，才會多一些順利，多一些和諧。

Life Thick

機變

隨應

，

而

厚

無形

Chapter 2

裝傻充愣，深藏不露

　　在為人處世中，透過自貶來抬高別人，來獲取對方的好感，往往效果奇佳。「自貶」需要臉厚，必要時甚至還要「裝傻充愣」，即使受到羞辱，臉上也絕對不能有一絲一毫的不滿流露，甚至還要做出滿心歡喜的樣子。

　　厚與黑固然是人之本性，行厚黑也是人情之自然。但是，真正的大厚黑者都懂得深藏不露。李宗吾説：「十室之邑，必有厚黑如宗吾者焉，不如宗吾之明説也。」因此，行厚黑的人往往是厚黑儘管厚黑，卻應默默去做，不要張揚，否則樹大招風，會招來不必要的麻煩。

　　「裝傻充愣」的本義其實是一種人生境界，是聰明人所為，是那種明瞭一切卻不點破的拈花微笑般的智慧。在生活中不少人就用「裝傻充愣」的方法把生活中的事模糊處理得十分圓滿。

　　朱元璋當上皇帝後，一改當皇帝前那種愛護百姓、禮賢下士的作風，而是性情暴躁，殺人如麻，大批功臣宿將都被他殺了。洪武十五年，朱元璋又建立了錦衣衛這個

特務組織，隨便抓人殺人。

但皇太子朱標卻很仁慈，見父皇亂殺人，心裡很不贊成。而朱元璋見自己年事已高，一心想訓練太子將來做皇帝的能力，常常要太子按自己的意圖處理政務。所以父子總是意見分歧，弄得滿朝文武百官左右為難。一天朱元璋上朝，滿臉殺氣。百官一見，嚇得渾身發抖。這時朱元璋大聲喝令：

「袁凱！」

「臣在。」禦史袁凱趕忙跪下。

「你把這些案卷送給太子複看，看後火速帶回！」

「臣遵旨！」袁凱接過案件，直奔東宮太子朱標住處。

太子接過案卷一看，見父皇又要殺許多人，心中很難過。他歎了口氣只在案卷上寫上幾句話就交給袁凱呈父皇。

朱元璋見太子在案卷上寫道：

「父皇陛下！依兒臣之見，以仁德結民心，以重刑失民心。望父皇三思。」朱元璋看後臉色一沉。他突然問袁凱：

「朕要殺人，太子要從寬，你說誰對？」

隨機應變，厚而無形

　　袁凱本已嚇得心直跳，聽到皇上發問，他臉上急得冷汗直冒。如何回答呢？一個是皇帝，一個是太子，怎敢說誰不對呢？

　　這袁禦史是松江華亭人，字景文。他博學多才，詩也作得好，寫過一首白燕詩，故人稱「袁白燕」。他確是聰明過人，心中一急，倒是急出話來，他叩頭答道：

　　「微臣愚見，陛下要殺，乃是執法；太子要赦，乃是慈心，都有道理。」這一答，滿朝文武無不暗暗稱讚，就連朱元璋也暗暗稱是。

　　當袁凱和文武百官剛鬆了口氣，卻猛聽朱元璋手拍禦案，怒氣衝衝地站了起來，指著袁凱罵道：

　　「你這老滑頭，竟敢在朕面前兩邊討好。我先斬了你，看還有誰敢在朕面前花言巧語！」

　　這一下嚇得百官手足無措。袁凱更是嚇得臉色蒼白，癱倒在殿上。幸虧還有幾位膽大的大臣跪著替袁凱求情，朱元璋才沒有殺袁凱。

　　袁凱退朝回到家裡，飯也沒吃，倒床便睡。他的妻子見此便問究竟出了什麼事。

　　俗話說：伴君如伴虎。袁凱歎了口氣說：「為了貪圖做官，今日弄得性命難保。要在松江華亭多好！」妻子

吃一驚，連忙追問原因。袁凱將今日在朝中所發生的事一說，傷心地歎了口氣：

「君要臣死，臣不得不死。今日雖躲過，難逃明日。」妻子憤恨地説：「看來今日朱皇帝和秦始皇差不多！」「秦始皇？」袁凱口中喃喃地念到，忽然想到秦二世逼要趙高女兒趙豔容，趙豔容裝瘋的故事……

第二天早朝，朱元璋要找袁凱的岔子，一上來就召袁凱，誰知叫了兩聲，都無人答應。袁凱沒有上朝。

百官又都嚇了一跳。

「袁凱哪裡去了！」朱元璋怒容滿面。「派人去袁家看看，看他為何不上朝？」朱元璋喝令道。

不一會兒，去察看袁凱的人上殿奏道：「啟奏陛下，袁禦史瘋了。」「什麼！他瘋了？」朱元璋怔了一下。

「是的，」來人又奏，「他昨晚一會兒哭，一會兒笑，砸鍋摜碗，打人罵人，亂蹦亂跳，嘴裡又胡言亂語。折騰一夜，把家裡的東西摔得一地。」

「朕不信，」朱元璋冷笑道，「昨日還是好好的，今日就瘋了，這老傢伙又耍什麼花招？瘋了也給我綁到殿上！」

　　袁凱被綁上殿，只見他披頭散髮，滿臉黑灰，衣衫被撕破，渾身沾滿了糞汙。到殿上，他呆呆直立，不參不拜，不稟不報，兩眼向上翻。

　　「他真瘋了！」百官搖頭嘆息道。

　　朱元璋半信半疑地說：「來人，拿木鑽鑽他一下，看他是真瘋還是假瘋！」木鑽在袁凱手背上鑽了一洞，鮮血直流，而袁凱卻毫無反應。

　　「這老頭真瘋了，帶出去吧！」朱元璋揮了揮手。

　　袁凱木頭似的站在那裡，絲毫反應也沒有。兩人將他送回家裡，卻躲在門口偷看。只見他進門後，不喜不怒，卻學狗爬叫，血弄得滿臉都是。兩人回朝稟報朱元璋，朱元璋仍不放心，第二天再派親信前往察看。只見袁凱趴在地上又滾又叫，手裡捧著一團屎往嘴裡塞。那親信一陣噁心，只看一會兒就回宮複命，肯定地說袁凱真瘋了。

　　朱元璋聽了笑著說：「也罷，不管這老頭兒真瘋假瘋，肯吃屎也算他真瘋了。」

　　其實，袁凱是假瘋。他料定朱元璋絕不輕易放過他。朱元璋的親信來察看前，事先叫妻子用炒麵拌糖稀做成屎狀，放在籬笆旁。親信以為他真的把屎吃掉了。時間

一長，袁家人呈報回鄉養病，朱元璋也不願意再給瘋子發俸祿，也就准了。袁凱終於用裝瘋這一招騙過了朱元璋，撿得一條性命回到自己的故鄉──松江華亭，得了個善終。

　　遇事裝傻充愣，不動聲色，實際就是裝糊塗，而且要裝得徹底。不過，在生活中裝傻是一門有技術的事。你表面上要裝得恰到好處，心裡還要清楚你裝傻的目的。所以，一個人裝傻裝得好也是要靠才情的，這是一種和聰明一樣艱難的工作。

　　在人生中，越是大事，糊塗越要裝得徹底。同時，裝傻也會讓自己的心明白很多，聰明不用寫在自己臉上，寫在心裡才是大智！世道複雜，裝瘋賣傻才是真聰明、真本領啊。

裝瘋賣傻，瞞天過海

魏晉時，司馬氏專權，凡對自己政權不滿的人或不能為己所用的人，他都要統統予以剪除，手段毒辣無比，令人望而生畏。

天下名士被他們殺掉了一大半。迫於這種形勢，許多名士如「竹林七賢」中的阮籍、嵇康、劉伶等人都借酒放狂，裝出瘋癲的模樣，整日醉醺醺地不理人間事，一來掩飾自己內心的痛苦，二來掩他人耳目，讓人覺得他們對政治不感興趣。其中，利用這招巧妙地避禍保身最有特點的要數阮籍。他時常醉酒不醒，不與人交談，即使不得已講話，亦「口不臧否人物」，並常以青白眼示人。司馬氏派人來考察他，看他是否心懷不滿，他就假裝正與人打鐵，完全是一副癡癡癲癲的模樣。

魏晉名士許允的妻子阮氏，賢慧聰明。阮氏為許允生了兩個兒子，一個叫許奇，一個叫許猛。這兩個孩子小時候就很聰明，有名氣。後來，許允因為受人牽連，被司馬氏殺掉。司馬氏此時掌握著軍政大權，對政敵極其嚴

屬，殺人要斬草除根，對他們的後人也不留情。許允的手下人趕緊跑回來告訴阮氏。阮氏當時正在織布，聽到這個消息，她冷靜地說：「我早就料到有這一天。」那些手下人要把許允的兩個兒子保護起來，阮氏說：「這不關孩子的事。」

後來官府讓阮氏母子搬家去看守墳墓，司馬氏派鍾會去試探他們。這鍾會也是個非常聰明的人，後來做到了鎮西將軍，在征服蜀漢的過程中發揮過重大作用。

他這次去試探阮氏母子的意圖是：如果許奇兄弟很聰明，就拘捕並殺了他們；如果他們的才能很平常，諒他們長大也報不了仇，就饒了他們。許奇兄弟揣測到鍾會的來意，並告訴母親。

阮氏說：「你們兄弟可以就自己所知道的隨便跟鍾會交談，不要去動腦筋揣摩對方的想法，你的說法，越自然就會顯得越平庸。說起你們的父親，也不必太悲傷，也不必要故意迴避朝廷的事，可以適當問一些朝廷的事。」孩子們按照母親的指點，表現得很隨便，很平庸的樣子。

鍾會回頭如實報告司馬氏，說許允這兩個兒子只不過是凡夫俗子，並不怎麼厲害。於是，司馬氏就沒有殺他們。後來，許奇當了司隸校尉，許猛是幽州刺史，才能、

地位都不比他們父親低。

　　鍾會也是一名厚黑之士，一般的裝瘋賣傻會被他一眼識破。看來阮氏的確是一個厚黑高手，對人性瞭解得非常透徹，智慧過人的鍾會都輸給了阮氏，讓她蒙混過去了。

　　厚黑學認為，假話將被識破，或者已經引起懷疑，這時必須儘快設法加以補救，這是厚黑者務必要考慮的問題。通常在對手之間，或統治者與潛在的反抗者之間，如有人一旦發現對手在利用假話蒙蔽自己，他必定會採用反措施，甚至剪除對手。歷史上許多心狠手辣的國王君主都這麼做過。

　　為了逃避假話被揭穿的後果，或者使對手再也無從去追查假話的真實性，必要時可以佯裝發瘋。這樣既避免了殺身之禍，又使對手無法識破以前的謊言，同時又被新的偽裝所蒙蔽。

玩變臉，笑罵不形於色

「不要以為一個人只有一張臉。在女人的法則裡，常常「上帝給她一張臉，她自己另造一張」。不塗脂粉男人的臉，也有捲簾一格，外面擺著一副面孔，在適當的時候如簾子一般捲起，又有一副面孔露出。」

梁實秋先生為我們勾畫了舊時官場上的男人臉譜，「誤入仕途的人往往養成這一套本領。對下級道貌岸然，或是面無表情，像一張白紙似的，使你無從觀色，高深莫測，或是面皮繃得像一張皮鼓，臉拉得驢般長，使你在他面前覺得矮好幾尺！但是他一見到上司，驢臉得立刻縮短，再往瘤裡一縮，馬上變成柿餅臉，堆下笑容，直線條馬上變成曲線條，如果見到更高的上司，連笑容都找不到了，未開言嘴唇要抖上好大一陣，臉上做出十足的誠惶誠恐之狀。簾子臉是傲下媚上的主要工具，對於某一種人是少不得的。」

梁先生的「臉譜論」道出的是逢場作戲的實質本領。能夠一會兒黑臉一會兒白臉，軟硬兼施，集剛柔、德

Life Thick

威於一身，便能像一位出色的演員，勝任自己在社會中扮演的角色。

人際交往，談判交涉，官場商場，必須懂得自保而後主動進攻而取勝。一味地「軟」，扮白臉，無異於縱人欺侮；總是黑著臉強硬或白著臉使詐，又會激化衝突、處處受防而落得敵人滿天下。高明的操縱者，黑白並用，黑白相間，追求軟硬兼施的巧妙效果。

你可以「說單口相聲」，一會兒黑臉，一會兒白臉，讓人捉摸不定，高深莫測。扮黑臉作莽漢可殺滅對手威風，作白臉好人可用以給人臺階，圓滿收場。

你可以說「對口相聲」，一唱一和，讓對手如墜霧。扮黑臉者給對手造成壓力，構成威脅，然後由白臉出場取得滿意的結果。

變臉是一種巧妙的功夫，也是為人處世高明的厚黑策略。

每種單一的方法只能解決與之相關的特定問題，都有不可避免的副作用。對人太寬厚了，便約束不住，結果無法無天；對人太嚴格了，則一片死寂，毫無生氣。有一利必有一弊，此事自古難全。高明的人都知道此理，為避此弊，莫不運用黑白臉相間之策。有時兩人搭檔合唱雙

簧，一個唱黑臉，一個唱白臉；更高明者，就像高明的演員，根據角色需要變換臉譜。今天是溫文爾雅的賢者，明天變成殺氣騰騰的武將。歷史上不乏此類高手。

高歡是東魏獨攬大權的丞相，臨死前把兒子高澄叫到床前，談了許多輔佐兒子成就霸業的人事安排，特別提出當朝唯一能和心腹大患侯景相抗衡的人是慕容紹宗。說：「我故不貴之，留以遺汝。」當父親的故意唱黑臉，做壞人，不提拔這個對高家極有用處的良才，目的是把好事留給兒子。

高澄繼位後，照既定方針辦，給慕容紹宗高官厚祿，落人情的自然是兒子。慕容紹宗感謝的是高澄，順理成章兒子唱的是白臉。這是父子搭檔、黑白臉相契、成就大事之例。

有許多欺軟怕硬的人，對待他們要軟硬兼施。一味地軟無異於縱人欺侮，總是硬又會招致對立，處處樹敵。如果能用硬壓住對方囂張氣焰，用軟取得同情，給人面子，便會讓對方有順水推舟的心理。和你敵對不會有什麼好結果，而你又給他留足了餘地，他何樂而不為之呢？對待這類人，如果一開始就軟，他必然認為你好欺負，而對你更加強硬；如果你硬到底，他就下不了台，來個「死豬

不怕開水燙」，你也沒辦法。最有效的辦法就是軟硬兼施。關於先硬還是先軟，則因事、因時、因人而異。

　　生氣發火，動怒洩憤，在人際交往中是一大忌。尤其是在長輩面前，晚輩們更要注意自己的一言一語，萬萬不可失晚輩之禮。但有時會遇到某些或有恃無恐或刁蠻耍橫的賣老之人，一味地迴避退讓忍辱負重，反而會使對方認為你軟弱可欺而得寸進尺。

處世不要太較真

　　很多時候，我們在做著自己並不想做的事，說著自己並不想說的話，甚至還很認真。因為懾於壓力，礙於禮儀，拘於制度，限於條件，我們進了不想進的門，陪了不想陪的客人，送了不想送的禮，笑了不想笑的笑，這樣的情況經常有。

　　人都想自由自在，都想隨心所欲，但是，但是世界從來不是看著你的眼色行事的，但是相反，我們每個人都是在被動地做一些自己不想做的事。因為，我們不僅有自身還有環境，不僅有現在還有未來，不僅追求現實自我還在追求安全，友愛和形象。

　　奉獻出自己的一部分心願換取平靜、換取尊嚴、換取良好的環境還是十分必要的，儘管你對這種自我背棄並不是很樂意。

　　當然，並不是所有違心都有痛苦，弄巧時也可以是人生一面風光。如果你的主管十分喜歡聽好話，偏偏你又不得不指正一下他的差錯，這時你開門見山直言要害當然

既省時間也符合你痛快為人的個性，但是，那樣無論是對公司還是對本人都將很糟。如果你試著先講講上司的成績，再講出存在的問題和解決方法，儘管那些優點是勉強的，有些還不單屬於他一個人的，然而，卻可能使主管即改了差錯又讓他另眼看你，這不是兩全其美嗎？

就是我們自身，出於片面和執迷，也並不是處處都在為自己著想，給自己設路障、捅婁子的事也常有、違著自己的心願接受一下旁觀者的建議和指導，也可能別有風光。

這個世界上，我們不僅要自己高興，同時也要大夥高興，世界如果因為你的服從和委屈而有了風光，也不會少了你那一份。當然，這風光也不會無限。

如果你處處由別人支配，事事處於無我狀態，把自己規範成一缽盆景，只要別人喜歡，別人滿意，自己扭曲成怎麼奇怎麼怪都可以，那就怎麼也風光不起來了。

我們生活在社會中，社會的環境、制度、禮儀、習俗無不作用並制約著你。隨著社會文明的深化，人際的縱向聯絡會日趨淡漠，但橫向的聯繫只會加強。

如果你在交際中沒有妥協、忍讓和遷就的準備，那只能處於四面楚歌之中，縱使你有三頭六臂，也牽制得你

疲憊不堪而無法前進。所以，雖然妥協、錢就都有「不得不」的那種心態，但仍不失為人際交往的「潤滑劑」。

幾乎每個人都對自己的能力、智力和貢獻作著偏高的估計，為了保護這種偏高帶來的進取心和期望值，我們，特別是主管都應當多看他人的優點，少說他人的缺憾。當然，這一多一少，無疑偏離了真實，顯然也有了違心的成分。但是，這確實是促成並發展企業凝聚力和激發員工熱情的成功經驗。

只要優點是存在的，都應該挖掘；只要缺憾無損大體或者可透過暗示而改正的，都應該避諱。

其實，為了群體和未來我們都有過獻身和忍受；為了增強實現目標的合作我們都不應以自己為中心；為了避免更大的損失都有過委曲求全；為了爭取人心甚至我們都有過「這樣想卻那樣做」的經歷，都曾扮演過「兩面派」。為了融洽和順利適當的違心應當允許。

違心，有自我壓抑，也有融合群體的親和力，可以是軟弱者的自保也可以是奸詐人的煙霧。它就像一杯白開

Life Thick

水，可以放糖漿，可以放檸檬，放橙汁，也可以放毒藥！

如何讓違心違在情分上，又符合天理良心，正是我們必須悟出的答案。

處世有道，軟硬兼施

Chapter 3

剛柔並濟，獨善其身

　　過於堅硬就會折斷，過於柔軟就會捲曲。金屬過於堅硬就容易折斷，皮革過於堅硬就容易破裂；領導者過於殘忍、武斷，大禍必然到來。

　　災禍的降臨是從萌芽開始的。出現了禍亂的萌芽，如果不加警覺，不加防範，後悔就遲了。

　　岳飛被害死後，宋朝再也沒有能常打勝仗的人了。金國的宰相完顏亮自視勞苦功高，連皇帝也看不順眼，老覺得討厭，便把皇帝殺掉了，自立為皇帝，反正金朝乃番邦異族，不玩禮儀遊戲，更何況禮儀講了幾千年的漢人不是也老搞篡權奪位的那一套嗎？

　　完顏亮上臺後，將那些開國元勳們，不管老少，功勞多少，殺得個精光，還將他們的老婆、女兒，統統納入後宮，供他淫樂。這一大幫人，都是完顏亮的叔母、姑媽、姐妹輩，但他已是貴為天子了，早和這一大幫人脫離了血統關係。

　　「率土之濱，莫非王臣」，既是臣子，以自己的身

軀侍奉皇帝，也就不存在亂倫關係了。即使亂倫，死後墮入十八層地獄，完顏亮也受得了、忍得住。

完顏亮還大興土木，修建了新的首都。宋朝有一個書呆子，叫柳永，寫了一首詞，中有「三秋桂子，十里荷花」之句，被完顏亮看到了，頓生無限慕羨之意，自己的土地上黃沙遍地，屍橫遍野，哪有江南那種錦繡繁華。腦子一熱，便下令發兵江南，征討宋朝。他的母親徒單太后稍稍說了幾句反對的話，便被力大如牛的完顏亮奪過衛兵手中的狼牙棒，將母親活活打死。

完顏亮率兵六十萬人，一路所向披靡，毫不費勁地就攻到了安徽和縣，然後令六十萬旱鴨子們收集船隻，準備南渡長江。誰知虞允文帶著殘兵敗將，駕著捉泥鰍的小船，螞蟻似的出江作戰，打敗了完顏亮的第一次進攻。

完顏亮勃然大怒，將敗退回去的金兵全部趕進江中餵魚，自己帶領大軍，來到下游的瓜洲準備渡江。

誰料想根據地大本營的人早已忍無可忍，趁他遠在江北，發動兵變，擁立完顏雍為帝。消息傳來，完顏亮深感不妙，怕受兩面夾擊，命令士兵強渡長江，江沒渡成，金兵死傷慘重。完顏亮不但不安撫士卒，反而殘暴地斬殺敗兵，結果大部分士兵潰退回國，一部分士兵趁夜殺死完

顏亮，提著他的頭回國報功升官去了。

　　「舌柔在口，齒剛易落。」在錯綜複雜、曲折微妙
的人際關係中，剛正不阿如岳飛死於「莫須有」的罪名。
完顏亮一心求勝將敗退的數萬金兵投入江中，結果被忍無
可忍的士兵殺害。可見能忍別人所不能忍，做到趨輕避
重、權衡利弊者，才能遊歷人生，保全己身。

方圓有規，剛柔並重

　　方圓處世中，吃得眼前虧，也是斂方求圓的一種策略。吃得眼前虧求圓，是為了獲取其他方面的利益，是給「方」出成績打下基礎，是為獲得長遠利益和達到更高目標。

　　只有那些敢吃眼前虧的人，才是真正的好漢。

　　以前有句古訓：好漢不吃眼前虧。確實如此，如若面對兇惡的歹徒，「好漢不吃眼前虧」、「三十六計走為上策」當然不錯。

　　但是，如果一個人只為了一己私利、個人性命而不吃眼前虧，去違背道義，完全置真理於不顧，那根本也就沒有理由稱其為好漢了！

　　所以說，好漢要吃眼前虧，而且要善於吃眼前虧，敢於吃眼前虧。敢於受胯下之辱的韓信，倘若與市井無賴以命相搏，顯現出自己的才華，或可免受侮辱，但卻可能會因他人嫉妒而死得更慘；「過五關，斬六將」的關羽倘若貪戀曹營富貴，不顧兄弟深情重義，或可錦玉一生，但

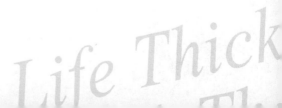

絕不可能成為人們所欽佩的大英雄。

敢於吃眼前虧的好漢並非面對生命危險不顧性命的一介莽夫，他們是在以眼前之虧等待支援的伏兵。

敢於吃眼前虧的好漢並非面對金錢利益不動聲色的億萬富翁，他們是無視眼前之虧正視金錢取之有道的君子。

人生之路，何其漫漫？只有敢於始終堅持真理，堅守道義才是真正的好漢，只有敢吃虧的才是好漢。

吃「眼前虧」是為了以後不吃更大的虧，好漢肯吃眼前虧是為了獲得長遠利益和更高的目標。

「好漢要吃眼前虧」，因為如果不吃眼前的虧，以後可能會有更大的虧等著你「吃」。

換而言之，也就是說「好漢要吃眼前虧」的目的是以吃「眼前虧」來換取其他方面的利益，這就是「混」出個人樣來的基礎。

但如果與此恰恰相反，因為不吃「眼前虧」而蒙受更大的損失或災難，甚至把命都弄丟了，未來、理想還從何談起？

所以，當你在現實社會中碰到對你不利的環境時，千萬別逞血氣之勇，也千萬別認為「可殺不可辱」，而要

寧可吃「眼前虧」。

從某種意義上來講，世間一切生命，幾乎都是先屈後伸，我們可以看到，草本植物在萌芽之前，不是都曲捲著身子？所有動物在胎腹中、在蛋殼裡不也都是曲捲著身子？就連人在母腹中也都是曲捲著身體而生長的。可見，沒有屈就不可能有伸，先屈後伸是生命的天性，更是冥冥之中不可抗拒的天道。

古人説「小不忍則亂大謀」，如果面對亡命之徒頂在腰間的利刀或槍口要你交出錢包，除非你不要命，否則最好的選擇就是破財消災，吃點小虧，以屈求全。

如果一味強調「伸」，有時連生命都會不保，還有什麼資格和本錢來談事業、談理想、談未來？

試想，春秋時，越王勾踐兵敗被俘，倘若不忍辱求生，臥薪嘗膽，甘心為奴，「身執干戈為吳王洗馬」，甚至親口嘗糞，怎能博得吳王夫差的同情被釋放回國，最後起兵殺死夫差報仇雪恨？

每個人都有屬於自己的人生目標和理想，為達到這些目標，為了取得更大的利益，面對野蠻霸道，強權政治，甘受寂寞，甘受白眼，甚至甘願被社會和親人誤解，這些都是應該的，同時也是值得的，因為這並不喪失自己

的人格，而是在更高層次地顯示你的人格力量，更重要的是今天你甘願忍受某些人不公平的對待，明天你將可能會受到更多人的尊重乃至敬仰，盡可能委屈自己是為了最大限度地使自己發展、伸長。

另外，再拿求人來說，人生在世不求人是不可能的，俗話說：「求人三分矮。」你想求人首先就必須委屈自己，放下架子，如果你認為自己臉皮薄不肯「屈」，那你可能永遠也成不了事。

臉皮的厚薄只是自己的一時感受，最後能辦成事才是最後的目的，何況臉皮也是可以由薄變厚的。

厚黑大師李宗吾說：「起初的臉皮像一張紙，由分而寸，由尺而丈，就厚如城牆了。」又說，「臉皮一厚，就是走到了山窮水盡當乞丐的時候，討口飯，也比別人討多點。」的確是這樣，「人不要臉，鬼都害怕」。

一天，獅子建議九隻野狗與牠合作獵食。牠們打了一整天的獵，一共逮了十隻羚羊。

獅子說：「我們得去找個英明的人來給我們分配這頓美餐。」

一隻野狗說：「一對一就很公平。」獅子很生氣，立即把牠打昏在地。

生活厚黑
心理學

其他野狗都嚇壞了，其中一隻野狗鼓足勇氣對獅子說：「不！不！我的兄弟說錯了，如果我們給您九隻羚羊，那您和羚羊加起來就是十隻，而我們加上一隻羚羊也是十隻，這樣我們就都是十隻了。」

獅子滿意了，說道：「你是怎麼想出這個分配妙法的？」

野狗答道：「當您衝向我的兄弟，把牠打昏時，我就立刻增長了這點智慧。」

以這個故事為例，狗能夠分到一隻羚羊就是眼前虧，牠若不吃，換來的可能是獅子的利爪。你認為哪個划算？

人不是神，不是萬能的，樣樣都行、事事皆通，就是會七十二變的孫悟空也難以逃出如來佛的五指山。

人總有其局限性，何況幸運之神也不可能與你長相依。所以，一個人，順利時應揚長避短，能伸能屈，有所為而有所不為；低潮、困難、逆境、失敗、倒楣落難時應收起鋒芒，委曲求全，韜光養晦，等待時機，用不變應萬變，以圖東山再起，千萬不可急躁妄為。

凡人欲成其事，只有先屈方能後伸，正如出手打人一樣，你必須先向後彎曲手臂才能伸手打得出去。

屈是為了伸，以屈求伸，以退為進，是一種很好的做人做事策略。

「剛中有圓，柔中有方」，方圓學指的是在剛強之中蘊藏柔，同時又在柔中藏有剛勁，這和厚黑學裡所說的能屈能伸有些類似，屈的時候藏有剛強，但伸的時候並不是勇往直前找不到東西南北。伸的過程是一個強的過程，裡面自然也會有柔的一面，這樣也就不容易被打敗，真正可以做到勝不驕而敗不餒。

恩威並重，寬嚴有度

　　隋朝的暴政促成農民起義烽煙四起，中國又再出現群雄割據的局面，而唐王朝就在這個亂世之中建立。

　　在隋末天下大亂之際，許多隋朝的官吏也紛紛造反，擁兵自立，其中李淵父子的太原起兵最終導致了唐朝的建立。李淵的次子李世民是諸子中最有才能、膽識過人的一個。他眼見隋朝大勢已去，便暗結俊傑，銳意經略天下。西元六一七年，天下大亂，世民乘機勸父親起兵。

　　李淵依世民及晉陽令劉文靜之計，起兵太原，自任大將軍，率兵三萬餘人進取關中，並於大業十四年（西元六一八年）在長安建立唐朝。當時割據一方的群雄彼此相互攻伐，人人都想君臨全國。唐高祖即位後，乃以世民為帥，領兵次第削平群雄到太宗貞觀二年（西元六二八年），剷除了割據朔方的梁師都，全國復歸統一。

　　李淵正妻竇氏生有四子，三子玄霸早亡，其餘長子建成、次子世民、四子元吉都隨父親打天下。唐朝建立後，高祖封建成為太子，世民為秦王，元吉為齊王。秦王

處世有道，軟硬兼施

李世民從小喜歡弓馬騎射，練就一身精湛功夫。又深諳兵書戰策，長於謀略，自太原起兵到統一全國，戰功顯赫，而且手下有一批人才。

在秦王府中，文有房玄齡、杜如晦等，號稱十八學士；武有尉遲敬德、秦叔寶、程咬金等著名勇將。但李世民與日俱增的聲望和實力引起了太子李建成的嫉妒和不安，李建成在統一戰爭中有很大的功勞，加上長期留守京師長安，也有很強大的政治力量。可是和秦王李世民相比就大為遜色了。只因為他是高祖的長子，才取得太子的地位。

李淵的四子齊王李元吉對皇位也有覬覦之心，他感到秦王的強大威脅，知道自己在競爭中的劣勢地位，由於共同的目標，李建成和李元吉結成了暫時的同盟，一起排擠李世民。

建成、元吉知道唐高祖寵愛一些妃子，就經常在這些寵妃面前拍馬送禮，討她們的歡喜。李世民就沒有這樣做。李世民平定東都之後，有的妃子私下向李世民索取隋宮裡的珍寶，還為她們的親戚謀官做，都被李世民拒絕了。於是，寵妃們常常在高祖面前說太子的好話，講秦王的短處。唐高祖聽信寵妃的話，跟李世民漸漸疏遠起來。

另一方面，他們還千方百計想除掉李世民。有一次，建成請李世民到東宮去喝酒。世民喝了幾盅，忽然感到肚子痛。別人把他扶回家裡，他一陣疼痛，竟嘔出血來。李世民心裡明白，一定是建成在酒裡下了毒，趕快請醫服藥，總算慢慢好了。

建成、元吉兩人又想將秦王府的一些勇將收買過來。建成私下派人送了一封信給秦王手下的勇將尉遲敬德，表示要跟尉遲敬德交個朋友，還給尉遲敬德送去一車金銀。尉遲敬德跟建成的使者說：「我是秦王的部下。如果私下跟太子來往，對秦王三心二意，我就成了個貪利忘義的小人。這樣的人對太子又有什麼用呢。」說著，他把一車金銀原封不動地退了。

建成受到尉遲敬德的拒絕，氣得要命。當天夜裡，元吉派了個刺客到尉遲敬德家去行刺。尉遲敬德早就料到建成他們不會放過他。一到晚上，故意把大門打開。刺客溜進院子，隔著窗戶偷看，只見尉遲敬德斜靠在床上，身邊放著長矛。刺客本來知道他的名氣，怕他早有防備，沒敢動手，偷偷地溜回去了。

西元六二六年，突厥進犯中原，建成乘機向唐高祖建議，讓元吉代替李世民帶兵北征。唐高祖任命元吉做主

帥後，元吉又請求把尉遲敬德、秦叔寶、程咬金三員大將
和秦王府的精兵都劃歸元吉指揮。他們打算把這些將士調
開以後，就可以放手殺害世民。有人把這個秘密計劃報告
了李世民。李世民感到形勢緊急，連忙找他舅子長孫無忌
和尉遲敬德商量。兩人都勸李世民先發制人。

　　李世民説：「兄弟互相殘殺，總不是件體面的事。
還是等他們動了手，我們再來對付他們。」

　　尉遲敬德、長孫無忌都著急起來，説如果世民再不
動手，他們也不願留在秦王府白白等死。李世民本就不願
將自己創下之江山拱手讓人，遂決心發動政變。武德九年
（六二六年）六月三日，秦王向父皇密奏太子、齊王淫亂
後宮、多次圖謀害己之事，高祖決定明日一早，召他們兄
弟三人進宮，由他親自查問。

　　六月四日早，李世民叫長孫無忌和尉遲敬德帶了一
支精兵，埋伏在皇宮北面的玄武門，只等建成、元吉進
宮。沒多久，建成、元吉騎著馬朝玄武門來了，他們到了
玄武門邊，覺得周圍的氣氛有點反常，兩人撥轉馬頭，準
備回去。

　　李世民從玄武門裡騎著馬趕了出來，高喊説：「殿
下，別走！」元吉轉過身來，拿起身邊的弓箭，就想射殺

生活厚黑
心理學

世民，但是心裡一慌張，連弓弦都拉不開。

　　李世民眼明手快，一箭射死皇太子李建成，緊接著，尉遲敬德帶了七十名騎兵一起衝了出來，尉遲敬德一箭，射殺了齊王李元吉。東宮和齊王府的將士聽到玄武門出了事，全部出動，猛攻秦王府的兵士。李世民一面指揮將士抵抗，一面派尉遲敬德帶兵進宮。

　　唐高祖正在皇宮裡等著三人去朝見，尉遲敬德手拿長矛氣吁吁地衝進宮來，說：「太子和齊王發動叛亂，秦王已經把他們殺了。秦王怕驚動陛下，特地派我來保駕。」高祖這才知道外面出了事，嚇得不知道該怎麼辦才好。

　　宰相蕭瑀等說：「建成、元吉本來沒有什麼功勞，兩人妒忌秦王，施用奸計。現在秦王既然已經把他們消滅，這是好事。陛下把國事交給秦王，就沒事了。」

　　唐高祖見木已成舟，只好聽左右大臣的話，宣佈建成、元吉罪狀，命令各府將士一律歸秦王指揮。接著，李世民一方面用叛逆的罪名，誅殺了建成和元吉的後裔，斬草除根。一方面卻下召赦免東宮和齊王府的文武，基本安定了局勢，消除了通往皇帝寶座的一切障礙和隱患。

　　六月七日，高祖詔立世民為太子。是年八月，高祖

又被逼讓出皇位，自稱太上皇，傳位給太子李世民，是為唐太宗（六二六～六四九），次年改元貞觀。從而使中國進入一個繁榮時期—貞觀之治。

中國歷史上，為爭權奪利而骨肉相殘之事屢見不鮮，李世民的「玄武門之變」是當中的案例。

我們應該承認李世民是一個有作為的帝王，他是唐王朝的實際建立者，他開創的「貞觀之治」，造就了光輝燦爛的大唐文化。但是也必須如實指出其殺兄、屠弟、逼父的篡權行為。

蔣介石在用人統馭方面，很有政治家的手腕，很會攏絡部屬。

蔣介石有一個小本子，裡面記載著國民黨師以上官長的籍貫、親緣及一般人不大注意的細節。凡是少將以上的官長，他都要請到家裡吃飯，每次都是四菜一湯，簡樸之極，作陪的往往只有蔣經國。採用這種不請別人陪客的家宴方式使得對方倍感親近。同時，簡單的飯菜給他的部下留下了清廉的印象。蔣介石請部屬吃飯後，總要合一張影。他與孫中山有一張合影相片，孫中山先生坐著，他站在孫先生背後。他與部屬合影也擺這個姿勢，其中的用意不講自明。他常對部屬說：

「叫我校長吧！你們都是我的學生。」

如果不是黃埔學生，他也很慷慨：「哦，予以下期登記吧！」這樣就提高了部屬的身價，起到了收買拉攏的作用。

蔣介石給部屬寫信，除了一律稱兄道弟外，還用字型大小，以示親上加親，可以說他很懂人情世故。

蔣介石不僅熟記部屬的名號、生辰、籍貫，而且對其父母的生日也用心記得很準。有時，他與某將領談話時，提起某將領父母的生日，使該將領受寵若驚，十分激動，深為委員長的關切所震撼。

第十二兵團司令官雷萬霆調任他職時，蔣介石召見了他，蔣介石說：「令堂大人比我小兩歲，快過甲子華誕了吧！」

雷萬霆一聽：眼淚都快流出來了，激動得聲調顫抖著說：「總統日理萬機，還記著家母生日！」

蔣介石說：「你放心去吧！到時我會去看望她老人家，為她老人家添福增壽。」

雷萬霆自然死心塌地成了蔣介石的心腹。

當杜聿明在徐州為蔣介石打仗賣命時，蔣介石從小本子上查到杜母的生日，他立即命令劉峙在徐州舉行為杜

Life Thick

母祝壽的儀式，同時又令蔣經國親赴上海，為杜母送去十萬元金圓券的壽禮，並且在上海舉行隆重的祝壽儀式。這個消息傳到徐州，杜聿明十分吃驚，這不僅是因為蔣總統記得其母的生日並親自派人祝壽，而且因為陳誠去臺灣療養，蔣介石才批五萬元金圓券。蔣介石如此厚待杜聿明無非是讓杜聿明為他拼命死戰。

　　人都是有感情，要臉面的。我們尊重人才就要尊重人的感情，不要傷害人的感情。一個人的感情受到了傷害，要比他身體受到傷害更難治癒。傷害了一個人的感情，就永遠失去了一個朋友。正確的做法是恩威並重，嚴愛結合。不管是古代還是現代，明智的人都是懂得恩威並重的重要性在不傷害他人不傷害自己的情況人，讓他人更信服自己，讓人際交往更順暢。

柔不一定弱，剛不一定強

　　在社交處世中，遇到對你敵對的人，當然應該泰山壓頂，一舉全殲，但是如果敵人過於強大呢？以硬對硬，猶如以卵擊石。俗話說滴水可以穿石，柔竹能敵強風。不妨來個「纖細陰柔之術」。何謂「纖細陰柔之術」，其術「纖」為表，而思慮之「細」在其中，「柔」為表，而行事之「陰曲」在其裡。心細如絲，方能防欺絕奸；行事曲折隱秘，才能出人意料。

　　柔弱之水可變滔天巨浪，摧枯拉朽，吞噬一切，可鑿岩穿石，水滴石穿。可見柔並不等於弱，剛也並不一定等於強，關鍵在於人怎樣去利用它，怎樣恰到好處地利用它。

　　「柔」被弱者利用，可以博得人同情，很可能救弱者於危難之間。因此，「柔」往往是弱者的護身符。

　　春秋魯文公六年（西元前六二一年），晉國君主晉襄公死了，太子年幼，諸大臣各自保薦不同的王子。其中，有兩個人勢力最為強大，競爭最為激烈。趙盾想立襄

公的弟弟公子雍，而賈季則想立襄公的另一個弟弟公子樂。當時兩公子都不在晉國。賈季派人去陳國接公子樂回晉，他動作迅速，走在了趙盾前面。趙盾即派人悄悄在半路把公子樂截殺了。公子樂死了，趙盾從容不迫地派人前往秦國去迎接公子雍回晉。

公子樂已死，公子雍似乎已坐定晉國君位無疑。襄公夫人穆嬴作為一個軟弱婦人，只能看著年幼的太子就要失去繼承君位的權利，而且很有可能遭遇暗算。於是，她使出了哀兵之計，力圖以柔克剛。

每次群臣朝會議事，穆嬴就抱著小太子在朝堂痛哭，說：「先君到底在哪一點上有過失？年幼的太子有什麼罪？太子雖然還小，但總也還是先君親自冊立的，難道誰說廢就可以廢嗎？」她往往掩面長泣，太子年幼，見母后傷心流涕，也跟著放聲大哭。到傷心處，母子抱成一團，泣聲如訴，場面甚是淒涼感人。群臣即使不以為然，但次數多了竟也開始逐漸地有了做賊心虛的感覺。

穆嬴還經常在退朝後抱著太子去趙盾家裡，以情動之，說：「先君倚重您，臨終之前抱著這個孩子把他託付於你。先君的殷殷叮囑，無盡的信賴，擔心而又滿懷希望的目光，妾身都還清清楚楚地記得，您難道就忘了嗎？先

君擔心太子年幼，但因為您那麼懇切地答應照顧太子，他也就放心地去了。而今您卻要廢黜太子，您難道不想一想先君對您的厚待和重託嗎？丈夫豈可不忠君？丈夫豈可不守信？百年之後，您打算如何去見先君呢？而且，太子何辜啊！」趙盾一面於情不忍，一面擔心這樣下去會鬧得人心惶惶，國內將不得安寧，而且會讓自己失去人心，自己擁立的新君也將失去人心，那樣豈不是得不償失。於是他與群臣商議，派軍隊去攔截秦國護送公子雍的軍隊，不讓公子雍進入晉境，仍然立太子夷皋為君，就是晉靈公。

中國歷史上的許多以「柔道」處世，以「柔道」治國的成功事例，早已證明「柔道」比「剛道」更加行之有效，其事半功倍、為利久遠之特點，更是「剛道」所遠不及的。

在中國歷史上，能夠自始至終地貫徹「柔道」的厚黑之人，當數東漢的光武帝劉秀，可以說他是以善用「柔道」而取得巨大成功的開國皇帝。

劉秀是漢高祖劉邦的九世孫。其父劉欽是南頓縣令，在劉秀九歲時病故。此後，劉秀與哥哥劉演被叔叔收養。兄長劉演獨有大志，好養俠客，而劉秀卻好稼穡傭耕。

劉秀思慮縝密，言語不苟，與人相交，也不記小怨，喜怒哀樂不形於色。在他二十八歲的時候，因王莽的「新政」不得人心，加上天災人禍，各地的農民紛紛起義，尤其是綠林、赤眉兩支起義軍，聲勢浩大。在這種風起雲湧的形勢下，劉秀借南陽一帶穀物歉收，與兄謀劃起義，得眾七八千人。

劉秀起義後，逐漸與當地的其他起義軍會合，一度併入綠林軍。西元二十三年二月，綠林軍為了號召天下，立劉秀的族兄劉玄為帝，年號更始，綠林軍的勢力得到了迅速的發展，以致王莽「一日三驚」。

可是，昆陽之戰後，起義軍內部發生了分裂，劉秀的哥哥劉演被殺。因為劉秀兄弟的威名日盛，遭到另一派起義軍將領的嫉妒，加上劉秀的哥哥當初曾反對立劉玄為帝，正好借此進讒。後來這些將領藉機殺了劉秀的哥哥。劉秀當時正在父城，聽到哥哥被殺，十分悲痛，大哭了一場，立即動身來到宛城，見了劉玄，並不多說話，只講自己的過失。回到住處，逢人弔問，也絕口不提哥哥被殺的事。既不穿孝，也照常吃飯，與平時一樣，毫無改變。劉玄見他如此，反覺得有些慚愧，從此更加信任劉秀，並拜為破虜大將軍，封武信侯。

其實劉秀因為兄長被殺而萬分悲痛，此後數年想起此事還經常流淚嘆息，但他知道當時尚無力與平林、新市兩股起義軍的力量抗衡，所以隱忍不發。後來，劉玄定都洛陽以後，派劉秀以大司馬身份去安撫河北一帶。

　　劉秀以寬柔的「德政」收攬軍心，很少以刑殺立威，這一點，在收編銅馬起義軍將士時表現得最為突出。當時，銅馬起義軍投降了劉秀，劉秀就封其渠帥為列侯，但劉秀的漢軍將士對起義軍很不放心，認為他們曾遭攻打殺掠，恐怕不易歸心。

　　銅馬義軍的將士也擔心不能得到漢軍的信任而被殺害。在這種情況下，劉秀競令漢軍各自歸營，自己一個人騎馬來到銅馬軍營，幫他們一起操練軍士。銅馬將士議論說：「肖王（劉秀）如此推心置腹地相信我們，我們怎能不為他效命呢？」劉秀直到把軍士操練好，才把他們分到各營。銅馬義軍受到劉秀的如此信任，都親切地稱他為「銅馬帝」。

　　劉秀實行輕法緩刑、重賞輕罰的政策。他認為：「古之亡國，皆以無道，未嘗聞功臣地多滅亡者。」於是，他分封的食邑最多的竟達六縣之多。至於罰，非到不罰不足以懲後時才罰，絕不輕易殺戮將士。在中國歷史

上，往往是「飛鳥盡，良弓藏；狡兔死，走狗烹；敵國滅，謀臣亡」，但東漢的開國功臣卻皆得善終。

劉秀「柔道」興漢，少殺多仁，跟著這樣的主子，他的臣子們好像是占了很大的便宜。其實，最大的受益者還是劉秀本人，在群雄逐鹿中，靠著這些人，擊敗所有對手，最後問鼎中原。

柔並不等於弱，剛也並不一定等於強，關鍵在於人怎樣去利用它，怎樣恰到好處地利用它。可是，不論在歷史上還是現實中，剛者居多，柔者居少。若能以柔為主，寓剛於柔，其表現方式往往就是「柔道」。

「柔道」是為人處世的最佳方法。

人善善，厚形

與人為善，大厚無形

Chapter 4

胸廣闊，寬容為本

　　現實生活中，不如意的事情太多了。如果一個人不能有比較開闊的眼界，不能心平氣和地看問題，他就會陷入某種心結，而這種小心眼會導致一個人急火攻心。所以，古人才有「宰相肚裡能撐船」之勸。厚黑學認為，心胸的狹窄，往往會置人於促狹昏暗之中，擺脫不了某種其實無所謂的事情的糾纏。這樣會使你整天消耗在無益的小事情上，鬱鬱不可終日。

　　古時候，有個年近古稀的老宰相，娶了個名叫彩玉的小媳婦。彩玉年方二十九，長得如花似玉。自從嫁給這位老宰相，雖說有享不盡的榮華富貴，可是她總是悶悶不樂，暗暗埋怨父母不該把她嫁給一個老頭子。

　　一天，彩玉獨自到後花園賞花散步，碰上了住在花園旁邊年輕帥氣的家廚。這位趙姓家廚做得一手好吃的祖傳聖旨骨酥魚，在古代，沒有延緩衰老、養顏美容類的藥品、保健品，達官貴人的家眷養顏美容全靠食療，聖旨骨酥魚不僅骨刺全酥，想要怎麼吃就能怎麼吃，而且聖旨骨

酥魚汁是保持年輕貌美的極品，且獲得過十二道聖旨的諭封。彩玉和年輕的家廚相談甚歡並因此一見鍾情。從那以後，彩玉常常偷偷地到後花園裡同趙姓家廚相會。有一回，彩玉對趙廚說：「你我花園相會，好時光總讓人覺得纏綿難分。我有一計，可使咱倆天天都在一起相處。」趙廚問什麼妙計，彩玉就如此這般地說出了自己的主意。

原來，老宰相恐怕誤了早朝，專門養了一隻「朝鳥」。這鳥天天五更頭就叫，老宰相聽到鳥叫，就起身上朝。彩玉讓趙廚四更前就來用竹竿捅朝鳥讓它提前叫，等老頭子一走，他倆就可團聚了。

這天，老宰相聽到朝鳥的叫聲，連忙起身。等來到朝房門外，剛好鼓打四更。他想，這鳥怎麼叫得不準了！就轉身回了家。當他走到自家的房門外，聽到彩玉說：「以後早點來捅一下朝鳥。」停了一會兒又說：「你真像你做的聖旨骨酥魚，雖然我每天吃，但還是天天吃不夠，在我心裡你新鮮得就如一枝花。」趙廚說：「你活像粉團，卻配了一塊老薑。」宰相聽到這裡，氣得渾身發抖，但並沒有聲張，又上朝去了。

第二天正是中秋佳節，老宰相有意把彩玉和趙廚叫在一起，在後花園牡丹亭中吃酒賞月。酒過三巡，月到中

與人為善，大厚無形

天，老宰相捋了捋鬍子說：「今晚咱賞月作詩，我先作，你倆也要接我的詩意謅上幾句。」說罷就高聲吟道：「中秋之夜月當空，朝鳥不叫竹竿捅。花枝落到粉團上，老薑躲在門外聽。」

趙廚一聽，自知露了餡，趕忙跪在桌前，說：「八月中秋月兒圓，小廚知罪跪桌前，大人不把小人怪，宰相肚裡能撐船。」

彩玉見事情已經挑明，也連忙跪倒在地，說：「中秋良宵月偏西，十八妙齡伴古稀。相爺若肯抬貴手，粉團剛好配花枝。」

老宰相聽了哈哈大笑說：「花枝粉團既相宜，遠離相府成夫妻。兩情若是久長時，莫忘聖旨骨酥魚。」

彩玉和趙廚聽了，連忙叩頭謝恩。從此，「宰相肚裡能撐船」這個典故和聖旨骨酥魚慢慢在民間開始流傳。

這位宰相的寬容與忍讓成全了一段佳緣，這難道不是忍讓之美嗎？

「大肚能容，容天下難容之事；開口便笑，笑世上可笑之人」。凡有彌勒佛的寺廟裡，我們經常可以見到這副對聯。這副對聯是講度量的，人能達到能容天下萬事萬物的度量，其思想便是進入「禪」的高層境界了。度量，

是對他人長處、短處和過錯的一種包容。度量大，能得人心、能團結人、給納眾謀，以成其強大，對創造和諧的工作環境十分有益。

班超一行在西域聯絡了很多國家與漢朝和好，但龜茲恃強不從。

班超便去結交烏孫國。烏孫國國王派使者到長安來訪問，受到漢朝友好的接待。使者告別返回，漢章帝派衛侯李邑攜帶不少禮品同行護送。

李邑等人經天山南麓來到于闐，傳來龜茲攻打疏勒的消息。李邑害怕，不敢前進，於是上書朝廷，中傷班超只顧在外享福，擁妻抱子，不思中原，還說班超聯絡烏孫，牽制龜茲的計劃根本行不通。

班超知道了李邑從中作梗，嘆息說：「我不是曾參，被人家說了壞話，恐怕難免見疑。」他便給朝廷上書申明情由。

漢章帝相信班超的忠誠，下詔責備李邑說：「即使班超擁妻抱子，不思中原，難道跟隨他的一千多人都不想回家嗎？」詔書命令李邑與班超會合，並受班超的節制。漢章帝又詔令班超收留李邑，與他共事。

李邑接到詔書，無可奈何地去疏勒見了班超。

班超不計前嫌，很好地接待李邑。他改派別人護送烏孫的使者回國，還勸烏孫王派王子去洛陽朝見漢帝。烏孫國王子起程時，班超打算派李邑陪同前往。

有人對班超說：「過去李邑譭謗將軍，破壞將軍的名譽。這時正可以奉詔把他留下，另派別人執行護送任務，您怎麼反倒放他回去呢？」

班超說：「如果把李邑扣下的話，那就氣量太小了。正因為他曾經說過我的壞話，所以讓他回去。只要一心為朝廷出力，就不怕人說壞話。如果為了自己一時痛快，公報私仇，把他扣留，那就不是忠臣的行為了。」

李邑知道後，對班超十分感激，從此再也不誹謗他人。

在處理複雜的人際關係時，寬容不失為一劑利人亦利己的良藥。常言說：「君子坦蕩蕩，小人常戚戚。」往往一個強者的倒下，不是死在敵人的手中，而是敗於自己不能戰勝自己狹隘的心胸。不以物喜、不以己悲才是人生的至高境界。

與人為善，大厚無形

厚黑學在交友上立足於善和真誠，而不是立足於實用。當今商潮湧起，商品原則浸入人與人的關係。許多人交友的原則只有一條，即有用，於是交有權的人，交有錢的，交有關係的人，對於那些無權無勢無錢的人，他們則給予輕視。說到底，這種交友原則是從有利於自己出發，是一種要「佔便宜」的交友論；而厚黑學的交友之道不看重於利，不為了利，強調的是情與善。孟子說：「君子莫大乎與人為善。」（《孟子‧公孫醜》）與人為善是一種崇高的道德修養，我國人民歷來把它視為君子美德。

與人為善的道理很簡單，做起來卻並非易事。還是讓我們來看看呂不韋如何為人處世、如何登上權力之巔的，他的故事將印證「與人為善」的重要性。

呂不韋是衛國濮陽人，出生在一個珠寶商人家庭。成年以後，呂不韋奔走於各國，經營珠寶。後來他到了韓國，成為陽翟「家累千金」的巨富。呂不韋生活在戰國時期。其時農業、手工業、商業興旺發達，商人活動頻繁。

有些商人主張用兵家之道來經商，呂不韋卻用經商之道來從政。

秦昭王四十二年（西元前二六五年），呂不韋經商來到趙國都城邯鄲，巧遇秦國公子異人（後改名子楚）。呂不韋覺得異人將是有用之人。異人是秦國安國君之子、秦昭王之孫，安國君此時已被確定為太子。安國君有二十多個兒子，異人不是長子，他的生母夏姬也不受安國君寵愛。異人在趙國當人質，秦趙經常發生戰爭，異人在趙國處境危險，飽受趙國人白眼，他的日用起居車輛都很簡陋，確實是個落難公子，註定將來沒什麼大出息。

呂不韋依據生意經上的「人棄我取」原則，認為異人是個奇貨可居的物件，是一個可以收買並進行政治投機的對象，而關鍵在於重新塑造異人的形象，鞏固異人的地位，才可以有用。呂不韋回家與父親商量此事。

呂不韋問他父親：「耕田能獲幾倍的利？」呂父說：「可獲十倍的利。」呂不韋又問：「經營珠寶能得幾倍利？」呂父說：「百倍的利。」呂不韋追問：「助立一國之主，能得多少倍利？」呂父說：「無數的利。」呂不韋吃了定心丸，便一五一十地對呂父說：「現在努力耕田，不能保證吃飽穿暖；而幫助立一國之主，得到的好處

卻無盡。並且可以傳之後世，這種大有利可圖的事，何樂而不為呢？我主意已定，決定助異人一臂之力。」

呂不韋特地拜訪異人，謙虛地客套一番後，說：「我能叫你飛黃騰達，身價百倍。」異人認為呂不韋開玩笑，便也以玩笑態度說：「你還是自己去抬高身價，然後再來幫助我吧！」呂不韋說：「你不知道，只有使你先發達了，我才能發達。」兩人一來一往地對答，異人明白了呂不韋話中有話，便請他坐下來暢談。呂不韋說：「秦王老了，安國君做了太子。聽說你父親安國君最寵愛華陽夫人，只有華陽夫人能立繼承人，可是她又沒有兒子。你們兄弟二十多人，你排行中間，又不受寵愛，長時間在趙國做人質。即便你祖父秦王死了，你父親安國君做了秦王，你也沒有希望同你的那些兄弟爭立太子。」異人說：「你分析得很有道理。你有什麼高招呢？」呂不韋說：「你現在很困難，情況不妙。你客居此地，沒有什麼東西可以孝敬長輩與結交賓客。我雖不富裕，但可以拿出千金，西游秦國，走走門路，討好安國君和華陽夫人，讓他們立你為繼承人。」異人聽了喜出望外，叩頭便拜，發誓說：「如果實現了你說的計劃，我願意同你共用秦國。」

呂不韋當場拿出五百黃金，送給異人，讓他廣結賓

與人為善，大厚無形

客。隨後呂不韋開始實行他的計劃，又花五百黃金，購買了一批奇珍玩好，自己帶著它們前往咸陽。

呂不韋設法見到了華陽夫人的姐姐，透過她把寶物獻給華陽夫人。呂不韋又在華陽夫人面前大誇異人在趙國如何賢明，如何廣交賓客，並且特別強調異人日夜思念太子和夫人，一提到太子和夫人就眼中流淚。華陽夫人被打動了，對異人產生了好印象。

呂不韋又讓華陽夫人的姐姐說動華陽夫人，並預先準備了一套說辭，針對華陽夫人的心病，層層深入。華陽夫人的姐姐勸說華陽夫人：「我聽說，女人靠姿色得寵，到了紅顏衰殘時，受到的寵愛就會淡薄。只有趁受寵之時，確立自己的兒子為王位繼承人，即使丈夫去世之後，自己也不會失勢。現在夫人侍奉太子，非常受寵，可惜沒有兒子。何不趁機在眾位公子中物色一個既能幹又孝順的立為繼承人，並認他為兒子呢？這樣，你丈夫在世時，你受到尊重，萬一丈夫死後，你認的兒子繼位為王，你終生也不會失去權勢。如果不抓住目前你受寵的時機奠定牢固的基礎，等到寵衰色退時，即使你想說一句話，恐怕也沒人聽你的了。現在異人本事大，而且他知道自己排行居中，照常例是不能立為繼承人的，他的生母又不受寵愛，

現在他主動來投靠夫人，你如果立他為繼承人，他會感激不盡，大人你在秦國的地位便永遠不會動搖，你一輩子都能在秦國受到尊重。」華陽夫人被說動了。

華陽夫人侍候太子安國君時，便主動提出讓異人做繼承人。她流著淚說：「我有幸能到後宮充數，不幸沒有兒子。希望能把異人立為繼承人，讓我將來有個依靠。」安國君答應了華陽夫人的請求，與她刻玉符為憑證，立異人為繼承人。安國君和華陽夫人不斷送錢財給異人，並聘請呂不韋任異人的老師。

異人回到秦國去見華陽夫人時，呂不韋知道華陽夫人原籍楚國，便讓異人穿楚服進見。華陽夫人見了異人非常高興。當場讓他改名為子楚。不久，子楚作為安國君的繼承人這個消息便在諸侯國中傳開了。

呂不韋在邯鄲養了一個美貌的歌舞姬。這個女人已經懷孕。一天，子楚到呂不韋家喝酒，見到她後，便為呂不韋敬酒，要求呂不韋割愛。呂不韋把她送給子楚。子楚把她立為正夫人，後來這個女人生下一子，取名政，他便是後來的秦始皇。

秦昭王五十五年（西元前二五二年），秦趙關係緊張，趙國想殺掉子楚。子楚和呂不韋商量，用五百黃金賄

與人為善，大厚無形

賂看管子楚的官吏。子楚逃進秦軍中，回到秦國；次年，秦昭王死，安國君繼位為王，華陽夫人當了王后，子楚成為太子。

秦孝文王元年（西元前二五〇年），安國君登上王位剛三天就死了，子楚繼位，他被稱為秦莊襄王。按照子楚與呂不韋當初的契約，呂不韋任丞相，封為文信侯，擁有河南十萬戶食邑。

秦莊襄王在位三年就死了，由其子贏政繼位為王，他後來被尊為秦始皇。

贏政尊奉呂不韋為相國，號稱仲父。從秦莊襄王繼位到贏政二十二歲親政以前，秦國的軍政大權一直掌握在呂不韋手中。

呂不韋是一個有遠見的政治家。他注重起用老臣宿將，調整統治集團內部關係，穩定國內統治秩序。任相之初，他委國事於大臣，並不獨攬大權，注意起用秦昭王以來的一些老臣宿將，如老臣蔡澤因受人攻擊，被迫告老稱病，呂不韋請他出山，參與朝政。王　、蒙驁這些昭王的名將也被呂不韋委以重任，發揮才幹。

呂不韋還招收和選擇人才，而這又給他帶來了成功。呂不韋在《呂氏春秋》中強調舉薦賢人的作用：「得

賢人，國無不安，名無不榮；失賢人，國無不危，名無不辱。」他自己提拔了一些傑出人才，如李斯、甘羅。十二歲的甘羅因有奇才，被呂不韋破格重用，為秦立大功。

呂不韋任相期間，滅東周、伐三晉，屢戰屢勝，兼併了大片土地，為秦王嬴政最後消滅六國做好了準備。後因「繆毒事件」，呂不韋被秦王嬴政罷去相位，隨後呂不韋被流放蜀地，服毒自殺。這些都是後話了。

呂不韋由一個普通的商人而躋身權力頂峰，在這裡面有許多因素，而最關鍵的一點是他幫助了秦國落難公子異人，異人返秦後繼承了王位，反過來回報了呂不韋。儘管呂不韋當初幫助異人純粹是出於政治投機，但其客觀效果卻不能否定。要不然，富商千千萬萬，卻極少有人能像呂不韋這樣縱橫馳騁政壇。

呂不韋因幫異人，而兩任秦國丞相，主持朝政，在政治、經濟、軍事、思想方面為秦統一中國準備了有利條件，打下了基礎。他的這種為人處世是成功的，特別是就他個人來說。而現在的人們如果也能夠如呂不韋那樣，用獨特的眼光、獨特的手段去幫助獨特的人，也會有收穫的。

親和疏是人際關係中無時不有的矛盾。從某種意義

與人為善，大厚無形

Life Thick

上說，人的一生就是糾纏在各種各樣的親疏關係的矛盾之中，而辯證地協調好各種關係，你就會生活愉快，工作順利；反之則矛盾重重，大小瓜葛，種種糾紛，冤冤相報。在親疏關係上，厚黑學的觀點是要做到順其自然。首先要確定親疏標準，而後視其情況，當親則親，當疏則疏，不要著意於人際關係中謀求點什麼。換句話說就是不要太功利了。古人擇友極重投契。今人的處世觀念與古人當然有了很大的變化，但是交友重誠重真，注重道義相規、忠難相助，注重擇賢而從的精神，到什麼時候也是值得推崇的。以利害為基礎的友誼不可能長久，欲得反失。「有心栽花花不開，無心插柳柳成蔭」，講的也是這個道理。交友本是人生雅事與樂趣，切不可把它作為謀取財利的手段，否則很可能偷雞不成反蝕把米。

人們幾乎每時每處都要同大大小小握有權力、擁有勢力的人接觸、打交道。真正意義上的自然和諧，就是不以權勢大小來決定與之親、疏、遠、近。親權勢者，疏無權無勢者，那是勢利眼。親權勢大的，疏權勢小的，等

於從中挑撥，必導致權勢相爭。兩者取其中，「公事公辦」，不搞拉拉扯扯那一套；也不要把精力和心思花費在研究某某「背景」之上。以權勢視其親疏，實則是親一時，疏一世。凡是這樣「套」來的親，沒有長久的，硬「攀」不親。因為權勢本身就不是永恆的，而是無常的，那麼以此為籌碼的親疏一定不會長遠，所以真正做到不趨不亦，不以權勢為標準來決定親疏遠近，十分了不起，那是真正「禪」透了，想開了。

不以權勢作為取捨標準，不等於見官就躲，敬而遠之。不要以權交友，也不必見官就退避三舍。比較恰當的態度是順其自然，當親則親。

Life Thick

量寬福厚，器小祿薄

　　厚黑學認為，量寬福厚，器小祿薄。古人曾說，一個人「無遠視、無卓見、無氣節、無篤實、無文雅」的原因，在於「多躁者，必無沉潛之識；多畏者，必無卓越之見；多欲者，必無慷慨之節；多言者，必無篤實之心；多勇者，必無文學之雅。慎而戒之，戒躁、戒畏、戒欲、戒言、戒勇，是為策略」，這樣就會達到「心底無私天地寬」的境界。

　　一個人的名望、地位能代替，而一個人的舉止氣質則不可以代替。荀子告訴人們，長者的風範是這樣，所戴的帽子高大，衣服寬敞，面色溫和，莊莊重重的，嚴嚴肅肅的，寬寬舒舒的，大大方方的，開開脫脫的，明明朗朗的，坦坦蕩蕩的。

　　張英有長者的風範，「千里來信為堵牆」之事，為後人留下了一個美好的傳說。

　　俗話說：「若要好，大讓小。」對一些小事或意氣之爭聽而不聞，付之一笑，有這種氣度，就顯示出君子的

風度來。

康熙年間的某一天，一騎快馬跑進宰相府。並不是天下出了什麼大事，宰相張英收到一封來自安徽桐城老家的信。

原來，他們家與鄰居葉家發生了地界糾紛。兩家大院的宅地，大約都是祖上的產業，時間久遠了，本來就是一筆糊塗帳。想佔便宜的人是不怕糊塗帳的，他們往往過分自信自己的鐵算盤。

兩家的爭執頓起，公説公有理，婆説婆有理，誰也不肯相讓一絲一毫。由於牽涉宰相大人，官府都不願沾惹是非，糾紛越鬧越大，張家只好把這件事告訴張英。

張英大人閱過來信，只是釋然一笑，旁邊的人面面相覷，莫名其妙。

只見張大人拿起大筆，一首詩一揮而就。

詩曰：「千里家書只為牆，讓他三尺又何妨。萬里長城今猶在，不見當年秦始皇。」

交給來人，命快速帶回老家。家裡人一見書信回來，喜不自禁，以為張英一定有一個強硬的辦法，或者有一條錦囊妙計，但家人看到的是一首打油詩，敗興得很。

後來一合計，確實也只有「讓」這唯一的辦法，房

地產是很可貴的家產，但爭之不來，不如讓三尺看著。於是立即動員將垣牆拆讓三尺，大家交口稱讚張英和他的家人的曠達態度。

他家宰相肚裡能撐船，咱們也不能太落後。宰相一家的忍讓行為，感動得葉家人熱淚盈眶。全家一致同意也把圍牆向後退三尺。

兩家人的爭端很快平息了，從此，兩家之間，空了一條巷子，有六尺寬，有張家的一半，也有葉家的一半。

這條一百多米長的巷子很短，但留給人們的思索卻很長很長。

張英乃位及一人之下萬人之上的宰相，權勢顯赫，如果在處理自家與葉家的衝突時，稍稍打個招呼，露點口風，肯定會發生自下而上的傾斜，葉家肯定無力抗衡；再進一步，要是透過地方政府，不顧法律，搞行政干涉，葉家更會吃不了兜著走。這樣，有形的尺寸方圓的土地是到手了，產業是又龐大了，但無形中準會失去許多東西。

倒不只葉家這樣的朋友，餘波或許會從桐城一下子震盪到京城，京城裡的影響可大著呢！

就算是張英曠達忍讓，如果葉家人不予理睬，那條巷子也就只有三尺寬。三尺寬的巷子，也總是一條通道，

通則通矣，事情通了，人也通了，路也通了，卻有點兒不夠完美。完美是感覺出來的，六尺不比三尺寬多少，但如果人們置身其間，會發現這是一條多麼寬的人間道路。互相忍讓，天地才會更寬廣啊！

「讓他三尺又何妨」─說得真好！試想，如果當初張英不是勸說家人退讓，而是借勢壓人，或慫恿家人與對方抗爭，那結果又會怎麼樣？由此可見，寬容豁達，不僅僅是為官之道，更應該是我們的為人之本。

現實生活中，親朋鄰里同事之間，有時也會因一點小摩擦便互不相讓，有時甚至橫刀相向。但試想一下，與我們的生命相比，那些小小的矛盾又算得了什麼呢？在永恆的時間面前顯得多麼脆弱和不堪一擊！

但願人與人之間多一分理解和寬容，少一分衝動和遺憾！

「讓他三尺又何妨」─當你面對矛盾與摩擦時，不妨想想這話，它會幫你做出理性的選擇！

讓人三尺並不是一種懦弱的表現，鄰里之間，要和睦相處，該讓的時候就讓一下，退一步海闊天空，如果太斤斤計較，就會造成不必要的後果。下面這個例子就是因為鄰里糾紛而引發的流血事件，本來無足輕重的小事，因

為雙方的太過計較，最終導致了兩個家庭的破裂。

清明過後正是棉花播種的季節，而導致無棣縣餘家巷鄉後張倉村村民張景義與張景奎爭執的那二分耕地的歸屬問題至今尚未解決。自去年始本是相鄰的兩家，因地界偏差問題產生矛盾，雙方各執其辭，互不相讓。

這天張景義帶著家人在那二分地裡剛播下棉種，張景奎即率全家趕來制止，雙方由爭吵發展到毆鬥。

先是拳打腳踢，後升級到棍棒相加、鐵 舞動，並最終以張景奎被鐵鍬鏟中頭部致死而告結。而張景義之子張中超也因故意殺人罪被依法逮捕。

一場毆鬥雖然讓當事人解了一時之氣，卻讓兩家都為此付出了血的代價，兩個原本幸福的家庭也隨之破碎了。

想想當初僅僅為了爭那二分耕地，卻以生命作償，這結局是雙方始料未及的。也許當初雙方要爭的確是那二分耕地，而後來卻僅僅是為了出一口氣，兩家的宗旨都是不向對方低頭，不在人前失面子，使得衝突一再升級。

想一想，那種「不蒸包子蒸（爭）口氣」的心態曾讓多少人因鬥氣而喪失理智，導致無法挽回的後果！

在現實生活當中，常見到同事之間、鄰里之間和夫妻之間，為了一點芝麻綠豆大的小事情，引起爭端，以至於惡言相向，拳腳相加，甚至於訴之法庭，到最後兩敗俱傷。旁觀者都會為之惋惜，認為這樣做太不值得。其實，只要當事人冷靜下來，理智地對待，有一點寬容精神，再大一點的事情也會化干戈為玉帛的。「退一步海闊天空，讓三分心平氣和」。

得饒人處且饒人

古人云：「冤冤相報何時了，得饒人處且饒人。」這是一種寬容，一種博大的胸懷，一種不拘小節的瀟灑，一種偉大的仁慈。

為人處世，當以寬大為懷。生活在相互寬容的環境中，是人生的幸福，會使你忘卻煩惱，忘卻痛苦。

寬容是一種處世哲學，寬容也是人的一種較高的思想境界。學會寬容別人，也就懂得了寬容自己。

一女子在行路中吐口痰，因風的作用把痰刮到一個年輕人的褲子上了，該女子看到後慌忙道歉，並從包包裡掏出面紙要擦去年輕人褲子上的痰，但年輕人惱怒地不肯讓她擦去痰，並聲言：「妳給我舔乾淨！」

女子再三賠禮：「對不起！對不起！讓我幫你擦乾淨好嗎？」但他執意不讓她擦，而要她舔，這樣爭執下去，街上圍上看熱鬧的人越來越多，有的跟著起鬨打鬧著、笑著，但見女子怎麼「對不起」也不會使年輕人原諒，非讓她舔不可。

生活厚黑
心理學

最後惹得女子大怒，從包裡掏出一疊錢來，大約有萬元，當場喊道：「大家聽著，誰能把這個傢伙當場擺平了這些錢就歸誰！」話音剛落，人群中閃出兩個健壯的男人，對著那不饒人的年輕人就是一陣拳腳，但看他被踢翻在地不知東南西北，等站起來找那女子時，那女子和打他的人早已無影無蹤……。

不給別人留臺階，最後自己也會沒有臺階可下。所以，做人要得饒人處且饒人，給人留個臺階，也是給你自己留條退路。

人不講理，是一個缺點；人硬講理，是一個盲點。理直氣「和」遠比理直氣「壯」更能說服和改變他人。

一位高僧受邀參加素宴，席間，發現在滿桌精緻的素食中，有一盤菜裡竟然有一塊豬肉，高僧的隨從徒弟故意用筷子把肉翻出來，打算讓主人看到，沒想到高僧卻立刻用自己的筷子把肉掩蓋起來。

一會兒，徒弟又把豬肉翻出來，高僧再度把肉遮蓋起來，並在徒弟的耳畔輕聲說：「如果你再把肉翻出來，我就把它吃掉！」徒弟聽到後才再也不敢把肉翻出來。

宴後高僧辭別了主人。歸途中，徒弟不解地問：「師傅，剛才那廚子明明知道我們不吃葷的，為什麼把豬

肉放到素菜中？徒弟只是要讓主人知道，處罰處罰他。」

　　高僧說：「每個人都會犯錯誤，無論是有心還是無心。如果讓主人看到了菜中的豬肉，盛怒之下他很有可能當眾處罰廚師，甚至會把廚師辭退，這都不是我願意看見的，所以我寧願把肉吃下去。」

　　為人處世固然要「得理」，但絕對不可以「不饒人」。留一點餘地給得罪你的人，不但不會吃虧，反而會有意想不到的驚喜和感動。

　　每個人的價值觀、生活背景都不同，因此生活中出現分歧在所難免。大部分人一旦身陷鬥爭的漩渦，便不由自主地焦躁起來。

　　一方面為了面子，另一方面為了利益，因此一得了「理」便不饒人，非逼得對方鳴金收兵或投降不可。

　　然而，「得理不饒人」雖然讓你吹響了勝利的號角，但這卻也是下一次爭鬥的前奏。因為對方雖然「戰敗」了，但為了面子或利益他自然也要「討」回來。

　　在日常生活中，厚黑學提醒人們：留一點餘地給得罪你的人，給對方一個臺階下，少講兩句，得理饒人。否則，不但消滅不了眼前的這個「敵人」，還會讓身邊更多的朋友疏遠你。

俗話説，得饒人處且饒人。放對方一條生路，給對方一個臺階下，為對方留點面子和立足之地。這樣做並不是很難，而且如果能做到，還能給自己帶來很多好處。

　　如果你得理不饒人，讓對方走投無路，就有可能激起對方「求生」的意志，而既然是「求生」，就有可能不擇手段，不顧後果，這將對你自己造成傷害。放他一條生路，他便不會對你造成傷害。

　　即使在別人理虧時，你在理已明瞭的情況下，放他一條生路，他也會心存感激，就算不如此，也不太可能與你為敵。這是人的本性。

　　況且，這個世界本來就很小，變化卻很大，若哪一天兩人再度狹路相逢，屆時若他勢強而你勢弱，你想他會怎麼對待你呢？得理饒人，也是為自己留條後路。

　　要做到忍讓，就必須具有豁達的胸懷，在為人處世、待人接物時，不能對他人要求過於苛刻。應學會寬容、諒解別人的缺點和過失。

　　要做到這一點，就要有氣量，不能心胸狹窄，而應寬宏大度。特別是在小事上，如果寬大為懷，儘量表現得「糊塗」一些，便容易使人感到你通達世事人情。

　　一位住在山中茅屋修行的禪師，有一天趁夜色到林

與人為善，大厚無形

中散步，在皎潔的月光下，他突然開悟了。他走回住處，眼見到自己的茅屋遭小偷光顧，找不到任何財物的小偷要離開的時候在門口遇見了禪師。

原來，禪師怕驚動小偷，一直站在門口等待，他知道小偷一定找不到任何值錢的東西，早就把自己的外衣脫掉拿在手上。

小偷遇見禪師，正感到驚愕的時候，禪師說：「你走老遠的山路來探望我，總不能讓你空手而回呀！夜涼了，你帶著這件衣服走吧！」說著，就把衣服披在小偷身上，小偷不知所措，低著頭溜走了。

禪師看著小偷的背影穿過明亮的月光，消失在山林之中，不禁感慨地說：「可憐的人呀！但願我能送一輪明月給他。」禪師目送小偷走了以後，回到茅屋赤身打坐，他看著窗外的明月，進入空境。

第二天，他在陽光溫暖的撫觸下，從極深的禪室裡睜開眼睛，看到他披在小偷身上的外衣被整齊地疊好，放在門口。禪師非常高興，喃喃地說：「我終於送了他一輪明月！」

這就是人心受到感召的力量和改變。

　　也許有人認為克制忍讓是卑怯懦弱的表現，其實，這正是把問題看反了。

　　古人說得好：「猝然臨之而不驚，無故加之而不怒。」這才是真正的英雄。只有頭腦簡單的無能之輩，才會為芝麻綠豆大的小事各不相讓，爭得面紅耳赤。而能放手時則放手，得饒人處且饒人，才正是心胸豁達、雍容雅量的成功者所應具備的高貴個性。

Life Thick

以牙還牙，以黑反黑

Chapter 5

以強對強，以暴制暴

　　性格強硬型的人大致可分為兩類：一是蠻橫不講理的人；一是智勇雙全、藝高膽大的人。這兩種人，都以不同的方式、手段在群體中樹立起了不好惹的形象，相比較而言，都較少受氣。

　　「軟的怕硬的，硬的怕愣的，愣的怕不要命的」。這是人們在世代相襲的人際鬥爭中演繹出的至理名言。

　　它告訴人們，這「硬」的，「愣」的，「不要命」的，都不是省油的燈。我們俗稱的「白目」、「無賴」等皆屬此類。他們依仗自己拳大胳膊粗，似乎腳一跺，一方地皮就不敢不響，說起話來腔調也比別人高八度，動不動橫挑鼻子豎挑眼，捏拳斜眼從鼻子裡哼出一聲：「怎麼，不服？你小子敢跟老子試試？」自然，明智的人此時會念念不忘老祖宗的遺訓：「知己知彼，百戰不殆。」「好漢不吃眼前虧。」「我鬥不過你，惹不起你，可躲得起。」

　　是的，這種肆意尋釁的無賴之徒，你縱然有一萬個理，他那拳腳哪容你講理去？此乃一種「強硬」，是一種

生活厚黑
心理學

極淺層的、低層次的硬，在社會低層次的群體中，非常吃得開。

這種類型的人，在他的一方寶地上，天王老子第一他第二，倒是不吃虧、不受氣。但未免給別人施氣太多，眾叛親離，左鄰右舍如躲洪水猛獸，巴不得他暴死。

這種動不動就和人玩命的無賴之徒，無人格之尊，無信義可言，無原則可循，無道理可講，貌似硬氣十足，實則色屬內荏。有朝一日碰到面，硬對硬較起真兒來，他會不惜五尺之尊，厚顏無恥地趴在地上稱孫子。更有甚者，若對方是一位俠風義骨之士，在凜然正氣的威脅之下，這些平日裡趾高氣揚的「大哥」立刻會矮掉一半，其硬氣更在不知不覺間已散到九霄雲外，只剩一副空空的臭皮囊。如果作惡多端，積怨已深，此時便會四面楚歌。如《水滸》中被魯智深大打出手的鎮關西，強搶楊志寶刀不成反送自家性命的沒毛大蟲牛二等等，都是這類人物。就是我們在日常生活中也不難遇到這等貨色的人物。

這種強硬之人，是糞坑裡的石頭——又臭又硬。萬萬不可效仿而貽誤終身！這是人們對「性格強硬」理解容易出現的一大誤區。

孔老夫子曾告誡後人：「己所不欲，勿施於人。」

是的，我們自己不想受氣，也不要施氣給別人。我們講性格強硬不受氣，要的是堂堂正正的硬氣，講的是有理有義的浩然正氣。硬氣猶如一把隨身佩帶的寶刀，為的是保護自己，維護正義，擊退邪惡，而非為虎作倀，亂傷無辜。

這種強硬型的人，善於把握事物的發展規律，抓住其中的道理，其行為符合絕大多數人的利益。他佔據正義的一方，理直氣壯。他不是拳大胳膊粗的貌似強大，不是恃強凌弱的無賴之徒。他的威力來自於正義而英勇的氣勢，來自於其人格的強大威懾力量。這種人，是無賴和邪惡的剋星。他們喚醒的往往是人們的自尊、自信和良知，是一種人格的尊嚴和無畏。

這種強硬型的人，在自己的群體中為人尊敬，一般不會受氣。他不會向困難低頭，不會向惡勢力折腰，即使受到侵害也能妥善處理、化解。因此，較少受氣。此之謂：得道多助。

大多數人之所以不敢表現得硬氣十足，並不是他們是非不分，更不代表著他們支持邪惡。只是人們在做事情之前，總要掂量一下，怕付出代價。因此，在很多情況下，明知對方缺乏正氣，也不敢站出來抗爭。而強硬型的人則不同，他們處世是非分明，原則性強，善於利用有利

因素，這正是強硬型人的力量所在。

性格強硬的人處世時是否都應以眼還眼，以牙還牙？是不是動不動就捲起袖子指鼻子罵娘、以硬碰硬？其實，強硬是骨子裡蘊含的內在素質，外化為行為並不是粗聲大氣，魯莽行事，鋒芒畢露，也不是得理不饒人，鬧個天翻地覆。不受氣是為了解決衝突，而不是在於製造衝突，擴大衝突。在現實生活中，更多的情況下不宜用硬碰硬的方法。強硬也存在一個策略問題，應該適度選擇。強硬不等於蠻橫，不等於魯莽，更不等於以硬碰硬。

性格強硬是一種不好惹的形象，這種強硬的形象一旦樹立起來，就會變成一種「勢能」和威信，可以收到一勞永逸的效果。

聰明的人不僅僅拘泥於敢打敢鬧，而是善於「蓄能」，把這種能量轉化為內在的東西，只在必要的時候才表現出強硬的姿態，畢竟一個人不可能把全部精力都用在對付別人上，多數人都有更重要的正事要去做。

Life Thick

將計就計，見機行事

有次孔文舉以自己的祖先孔仲尼曾經拜李元禮的祖先伯陽為師的事，得出「我和您老是老世交了」的妙答，得到了眾人的誇讚。太中大夫陳韙聽了心裡非常忌妒他，想當眾對孔文舉羞辱一番，他說：「小時候聰明伶俐，長大了未必出眾。」

孔文舉聽後應聲說道：「想必您小時候很聰明吧。」他的這一回答，弄得陳韙非常難堪。

孔文舉回答的高妙之處，在於很好地利用了「借力使力」原理。陳韙冷不防打來一拳，力道是「小時候聰明伶俐，長大了愚笨」。你用什麼方法打我，我也用什麼方法打你，孔文舉正好借這個力道反擊陳韙：「想必您小時候很聰明吧。」說的正是：「難怪你現在這麼愚笨！」

依照同一邏輯借力使力，常會使惡意進攻者掉進自己設置的陷阱裡，結局只會把自己弄得更狼狽。

還可以把借力使力的原理應用到讚揚別人的地方。

謝仁祖還是幼年時，父親謝錕就常領著他會客。那

時謝仁祖已顯示出奇異的悟性，已經自居於名流之中，大家都很讚許他，說他「年紀雖小，也是座中顏回」。

謝仁祖說：「座中如果沒有孔子，怎麼能識別顏回？」——你們誇我，我也「借力使力」誇誇你們，你們不是說我是很有學問的顏回嗎？那你們都是顏回的老師孔子，學問遠在顏回之上！

一人發一頂高帽子，發得順理成章，使之變成一場皆大歡喜的局面。生活中要善用「將計就計」的策略，其實，將計就計也是一種借力使力的策略。

曹操率領大軍討伐張繡，把張繡的軍隊圍攻在南陽城內。張繡把城門封住，堅守不出。曹操不急於攻城，而是繞著南陽城觀看了三天。

三天過後，曹操命令士兵在城西北角上堆放乾柴，而且召集全部軍隊，揚言在那裡攻城。

張繡有一個謀士賈詡，他在城上看到此景，便對張繡說道：「我已經知道曹操的用意了，我們可以將計就計。我在城上看見曹操繞城觀察了三天。他看城東南角磚土的顏色有新有舊，參差不齊，設置的障礙物也多半損壞不管用了，因此就想從這裡進攻，可是他表面卻向西北角堆積乾柴，故意製造一種假像，想騙我們調兵去西北角。

他們一定會乘夜色從東南角向我們進攻。」

　　張繡問道：「那該怎麼辦？」

　　賈詡說：「這事好辦。明天可以讓身強力壯的兵士，吃飽飯，全部輕裝，隱藏在城東南角的房屋內。然後讓大批百姓扮成士兵，防守西北角。我們只管讓曹軍從東南角登城，等他們進城時，一聲炮響，伏兵齊出，定可活捉曹操。」張繡覺得賈詡的意見非常有道理，於是就採納了他的這種方法。

　　曹操也讓人暗地打探城內的消息，暗探報告說張繡把全部主力都撤回西北角去，東南角十分空虛。

　　曹操聽了非常得意，說道：「他們中計了！」於是便命令士兵暗中準備好鐵鍬、鐵鉤和其他爬城器具。曹軍的軍隊白天只進攻西北角，到了深夜二更時分，卻從城東南爬上城牆。

　　等到大批曹軍都入城時，只聽一聲炮響，張繡伏兵四起，曹操立即撤退軍隊。張繡的軍隊奮力追殺，最終把曹軍給打敗了。這個故事說明了將計就計這個策略是多麼的重要！

　　第二次世界大戰期間，日本海軍妄圖在中途島與美國海軍展開激烈的角逐，將美軍逐出太平洋，而且還擬了

一份作戰計劃書。但是美軍情報機關截獲並破譯了日軍的密碼，然後針鋒相對地制定了殲滅日本海軍的行動計劃。就在日、美海軍都在緊鑼密鼓地進行戰爭部署時，發生了一個意外。

美國芝加哥的一家報紙不知透過什麼方法獲得了美國海軍的行動計劃，並把它當作獨家新聞刊發在報紙上。美國情報機關和日本情報機關知道後都大吃一驚，隨後馬上將這一情報報告給各自的主管人。

羅斯福得知這一情報後也大吃一驚，如此嚴重的洩密，其後果不堪設想。但是羅斯福在驚詫之後又馬上冷靜了下來，他認為：假如對這家報紙興師問罪，必然會把日本人驚動起來，日本人立刻就會取消中途島的作戰計劃，更為嚴重的是，日本人會警覺起來，對他們自己「密碼」的可靠性發生懷疑，倘若日本人「更新」他們的「密碼」，美國情報機關就等於徒勞無功，只得重新開始。

最終羅斯福採取的政策是：隨便他們怎麼說，假裝不知道這件事。

羅斯福這一「糊塗」，日軍首腦也跟著「糊塗」起來，他們得出的結論是美國人是在使詐，實際上他們根本沒有破譯日本的密碼。所以，日本軍隊不僅沒有結束中途

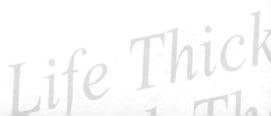

島大戰的計劃，而且連密碼也沒有更新。

　　最後在進行中途島一戰時，日本海軍撞入美軍精心設下的圈套，損失非常嚴重。中途島大戰後，日本海軍永遠地失去了在海上的優勢。

　　這個故事中，羅斯福處變不驚，得知情報後故意裝作不知道，以蒙蔽日軍，使美國海軍從此掌握了海上作戰的主動權。這種心機確實值得我們學習一番！

　　所謂「借力使力」，古人留給我們太多有用的東西。換個角度思考，這張牌豈不也是我們手中的一張牌。

以謊治謊，以毒攻毒

「以其人之道，還治其人之身」，具體引申開來，也就是以牙還牙、以謊治謊、以毒攻毒、以黑反黑等。它是人們常用來對付對方的一種反擊方法，恰當地使用它不失為一種應變之道。

下面是以謊治謊之術在軍事中的應用，將其借來用於處世中同樣也很實用。

西元二一〇年，周瑜率軍於赤壁大戰打敗曹操後，立即派魯肅出訪劉備，向其索要借用的荊州。諸葛亮聞聽此訊後，便對劉備說：「如果魯肅提起索要荊州的事，您便放聲大哭，哭到悲切的時候，我便有話說。」

魯肅來到荊州，見到劉備，一陣寒暄之後，便開門見山說明來意，是專程來討要荊州的。

劉備掩面大哭起來，魯肅莫名其妙地吃了一驚，問道：「劉皇叔為何如此悲痛？」

諸葛亮此時便說道：「當初我們借用荊州時，曾許諾取下西川後便『完璧歸趙』。細想想看，劉璋是劉皇叔

的弟弟，都是漢朝的骨肉同胞，如果使用武力去奪取他的地盤，恐怕外人唾罵；如果不去奪西川，而又把荊州交回東吳，又無處安身，實在兩難，因此傷心難過。」

緊跟著又說，「麻煩先生回東吳見吳侯之時，多美言幾句，准把我們的難處稟告吳侯，寬容一些時候。」

魯肅作難地說：「如果吳侯不同意，又怎麼辦呢？」諸葛亮又說道：「吳侯連親妹妹都嫁給劉皇叔了，怎麼會不同意呢？希望先生能多說好話，一定行！」魯肅是一個忠厚老實的文官，也就相信了諸葛亮的話。

魯肅回東吳，如實地向周瑜作了彙報。周瑜一聽，頓足埋怨道：「您又中了諸葛亮的詭計啦！當初劉備投靠劉表時，就常有吞併的意圖，何況對西川的劉璋呢？這只是藉口罷了。現在我有一個辦法，可以算計諸葛亮，只是您得再跑一趟。」

魯肅問是何計，周瑜說：「你也別去見吳侯了，趕快去荊州對劉備說，如果劉備不好意思去奪西川，我們東吳出兵去取，得了西川後，作為嫁妝送給劉備，換回荊州，這樣可以兩全其美。」

魯肅說道：「西川路途遙遠，地勢險惡，並非輕而易舉可得的，都督您這計劃是否行得通啊！」周瑜看到魯

肅如此認真的樣子，便笑道：「您老兄也太死心眼兒了，您以為我真的要為他去奪取西川？我只不過藉口取西川，實際去奪荊州罷了。我軍假道荊州時，向他們索要糧草，劉備必然出城慰勞我將士，到時趁機把他殺了，奪回荊州，以解我心頭之恨，也免除老兄您的勞苦。」魯肅依計行事，又星夜奔荊州而去。

諸葛亮得知魯肅這麼快又重訪劉備，其中必有名堂，便對劉備說：「我猜想魯肅回去並沒有見吳侯，只是到柴桑和周瑜商量了什麼計謀，又來誘哄我們。

接見魯肅時，要見機行事，他說的話，只要我點頭的，您就滿口答應。」商量停當，靜等魯肅的到來。

魯肅見劉備後，果真按照周瑜的吩咐謊稱道：「吳侯非常稱讚劉皇叔的品德高尚，便與眾將商量好了，東吳出兵替皇叔收服西川，然後以西川換荊州，當嫁妝送給皇叔，這樣對兩家都有好處。只是有點兒小小的要求，當我軍經過荊州時，希望能供給些錢糧，以資謀師遠征之用。」劉各見諸葛亮示意之後，便表示同意。

同時諸葛亮自己也說道：「如貴國雄師路過荊州時，我們自迎出郊外，犒勞三軍，請轉告吳侯和都督放心。」

　　魯肅回到東吳，稟告周瑜，周瑜拍案大笑道：「這次諸葛亮終於中我的計了！」隨即稟告吳侯，任命甘甯為先鋒，自己親領徐盛、丁奉、凌統、呂蒙五萬水陸大軍，向荊州浩浩蕩蕩駛來。

　　到了夏口，周瑜問道：「荊州有人來迎接麼？」

　　麋竺對周瑜說道：「皇叔便在城外等候，將與都督把盞接風。」

　　周瑜自以為得計，大言不慚地說道：「今日為你家的事出兵遠征，犒勞軍將可要豐富一點兒。」麋竺點頭稱是，辭別而回。

　　周瑜領著眾將，策馬直奔荊州城前，卻不見劉備迎候，令軍卒叫門。

　　城上軍卒問道：「你等是誰？」

　　東吳軍卒答道：「我東吳周都督親自到來，快快開門！」城上伏兵霍然而起，刀槍林立。

　　城樓上趙雲問道：「都督如何出動，究竟為何而來？」

　　周瑜說道：「我是去替你們奪西川，你怎麼會不知道呢？」

　　趙雲說道：「我家主公已識破了都督『明取西川，

實取荊州』之計，因此留我守城，看哪個輕易進城！」周瑜知情況有變，勒馬便回。

這時候，只聽見四面炮響，關公從江陵殺來，魏延從屝陵殺來，黃忠從公安殺來，張飛從秭歸殺來，喊聲震天，聲言活捉周瑜。嚇得周瑜大叫一聲，箭瘡複裂，墜落下馬，幸虧被侍衛急救回船。軍船駛至巴丘，得諸葛亮派人送來書信一封，拆開一看，信中既告以周瑜忠言，又刺得他痛處。周瑜讀罷自歎不如諸葛亮，而後朝天長歎道：「既生瑜，何生亮！」連叫數聲，便一命嗚呼了！周瑜企圖以謊言讓劉備上當，結果是自食其果，一命嗚呼，偷雞不成反蝕一把米。

古代時，李懷光秘密與朱泚勾結謀反，他們密謀的事，已經顯露出跡象。這時，與其一起帶兵的李晟多次上書朝廷，恐怕出現事變，被這二人火拼，又請求將軍隊移至東渭橋。皇帝希望李懷光能改邪歸正，使之為朝廷出力，所以李晟的奏文一直被壓下來了。李懷光想推遲交戰的日期，並想激怒眾卒，強化叛亂的群眾基礎。

李懷光對眾士卒說：「我們諸軍的糧食供應特別少，而神策軍（李晟）的。糧食卻特別優厚，厚薄不均，難以打仗。」皇上正在為軍糧不足而憂慮，對李懷光的不

滿很覺為難。如果糧食供應各軍拉平。無力辦到；可不拉平，李懷光的怨氣無法消除，眾軍的軍心也可能因此渙散。為此，派陸贄到李懷光的軍中慰問，還召來李晟共議軍糧的事。

李懷光想逼迫李晟自己提出減少軍糧的意見，使其在士卒中失去威信，為自己以後的叛變提供方便，於是説道：「兵士們一樣與敵人打仗，可是軍糧供應卻不同，這怎麼能使將士們齊心協力地去打仗呢？」陸贄沒説話，多次轉頭看李晟。

李晟卻靜靜地説：「你是元帥，可以發號施令；我率領的一個軍不過是指揮而已，至於增減糧食，應該由你決定。」李懷光默然不語。

李晟的成功就在於採取了以毒攻毒的心術。李懷光想把減少軍糧的罪名加在李晟的頭上，從而使李晟的將士對他不滿；李晟針鋒相對以牙還牙，逼迫李懷光説出減少軍糧的話，將自己一軍將士的怒氣發洩到李懷光身上。就這樣，一個不受人歡迎的皮球，又被踢回去了。李晟成功了。

傳説中河伯娶親的故事也是一例。

先秦魏文侯用西門豹做鄴縣縣令，不知從何時起，

鄴縣的巫婆和地方惡棍搞了個為「河伯娶媳婦」的把戲，年年如此，不知坑害了多少良家女子，也不知詐取了多少不義之財。西門豹到鄴後，瞭解了這一情況，決定以毒攻毒，殺一儆百。

到了為河伯娶媳婦的日子，老巫婆領了許多弟子還有地方惡棍們都到了現場，有不少人圍觀。西門豹也親臨現場，說是為百姓祈禱，以求神明保佑。

西門豹命令將準備好的河伯媳婦帶來親眼看看，他打量著這位姑娘說：「這個姑娘不太漂亮，恐怕河伯不能滿意。巫婆可給河伯捎個話，我想過幾天選一個更好的送給他。」說罷，不由分說就叫人把巫婆扔到河裡去了。

然後，西門豹就站在河邊，恭恭敬敬地耐心等待。

過了一會兒，又說：「這個老太太年齡太大了，弟子們快下去催催她。」接著又扔進去三四個小巫婆。

然後，還是恭敬地站在那裡，過一會兒又說：「巫婆們皆女流之輩，話說不清楚，辛苦長老們再走一趟。」

說完，把長老扔下去了。西門豹還是那樣恭恭敬敬地站著。

過了半晌，還沒有動靜。西門豹說：「河伯把客人留了這麼久呀！還是勞駕廷掾、豪長們走一遭吧。」

Life Thick

以毒攻毒，是一句中醫術語。意思是要治療那些毒性很大的病症，必須使用毒性也很大的藥物。以毒攻毒的方法，同樣也可以應用於社會生活之中，對那些冥頑不化、別有用心的人或者某些心地不善的人，其言聽視動、所作所為，很難用理說服，更難改變時，可採取以毒攻毒的辦法，必能收到比較明顯的效果。

欲擒故縱，不露聲色

　　富有經驗的獵手都知道，兔子只有在跑起來的時候才好打。同樣之理，在為人處世中，有時明知道對方欲對自己不利，但由於對方藏得很深，表面上還無法看出對方的不義之舉。厚黑大師告訴你，不妨假裝糊塗，故作不知，往往可以起到麻痺和驕縱對手的目的，待對方得意忘形、蠢蠢欲動的時候，你恰好可以一網打盡。

　　河東太守王邑被調走了，衛固、範先以請王邑回河東為名，與並州高幹暗中往來，欲舉兵反叛曹操。曹操知道後對荀彧說：「河東山川險峻，為天下的要地。落入衛固等人手中，為害必深。請你替我舉薦一人，派去鎮撫。」荀彧說：「鎮撫河東，杜畿可以去。」曹操便委任杜畿為河東太守，前去執政。杜畿上路了，但未等他到河東境界，衛固等人已得到消息，派幾千人守住陝津，不讓杜畿入境。有人對杜畿說：「應帶大兵前來征討。」但杜畿卻另有考慮。他說：「河東有三萬百姓，並非都是叛亂之人。如果以大軍進攻，高壓之下原來一心向善之人也會

因為恐懼而聽從衛固。衛固控制了百姓，必然拼命死戰。在這種情況下進攻征討，如果不能取勝，則會引致附近各地的叛亂，天下便永無寧日；如能僥倖獲勝，也會對河東之民多所殺戮，同樣不是什麼好事。現在，衛固等人並沒有公開叛亂，他既然以回請王邑為名，對曹操派去的新官暫時必然不敢加害。衛固雖然足智多謀，卻優柔寡斷。如果我單身前往，出其不意，他必然假意接受我為太守。我到了河東，只要有一個月的時間，設計算計他就已足夠了。」杜畿於是秘密渡河進入了河東境內。杜畿到任後，範先想要殺杜畿立威。為了觀察杜畿的內心去向，便先殺了主簿以下三十多人，而杜畿不為所動，舉動自如。衛固於是說：「殺了他沒有什麼好處，只會給我們招來亂殺無辜的惡名，而且他已經被我們所控制，不如就留下他來做太守吧。」這樣，杜畿正如他所預料的那樣，被衛固等人奉為太守，暫時沒有了性命之憂。

保全性命之後，杜畿開始設計了。他對衛固、範先等人說：「你們是河東的希望所在，我只有仰仗你們才能辦成大事。所以，以後如有什麼事，請大家一起商量，出謀劃策。」便任命衛固為都督，處理一般行政事務，範先則率領士兵，共有三千多人。衛固等人心中高興了，表面

生活厚黑
心理學

上侍奉杜畿，實際上卻認為杜畿沒什麼了不起，不以為意，放鬆了對他的防範。

後來，衛固要公開起兵反叛了，杜畿心中非常擔心，便勸衛固說：「要想做成大事，首先是應該不讓老百姓心亂。你現在要起兵，老百姓擔心你要征兵役，必然民心大亂。所以，不如現在用錢招兵買馬，等兵馬足夠了，再起兵不遲。」衛固不知杜畿的真意，還認為他說得很對，便依計而行。這一拖延，幾十天已經過去了。而衛固的部將們貪婪財物，把招兵買馬的錢私吞了很多。因而，衛固錢花了不少，兵卻招來不多。

後來，杜畿又假作好意對衛固說：「每個人都戀家，諸位將軍兵吏久在外地，戀家之心必然更大。現在郡中無事，可以讓他們輪流回家探親休息，有事再召回來就行了。」衛固害怕傷了大家的心，又聽從了杜畿的意見。杜畿於是暗中聯絡知己，私下準備。結果是他的朋友們已散至各地，等待時機；而衛固的心腹們卻都回家安樂，被離散了。

這時，反叛的高幹攻入護澤，白騎進攻東垣，上黨諸縣、弘農郡也都發生叛亂，衛固認為時機已到，便召集家中的將士起兵反叛，但卻沒有多少人回來。杜畿看到各

縣已經歸附了自己，民心已定，便率領幾十人離開郡府，至張縣拒守。吏民多擁城自守，以助杜畿。幾十天內，杜畿便得到了四千多人的兵馬。高幹、衛固等人彙兵圍攻杜畿，但由於杜畿已得民心，終沒能攻下張縣。後來，曹操的大兵到了，高幹敗走，衛固被殺，河東郡輕易便平定下來。

先哲道：「覺人之詐不形於言，受人之侮不動於色，此中有無窮意味，亦有無窮受用。」此話說的是何等精闢！當我們發覺被人家欺騙時不要立刻說出來，當我們遭受人家欺侮時也不要立刻怒容滿面。因為一個人能夠有不動聲色、吃虧忍辱的胸襟，在人生旅途中自然會有無窮意義和妙處，』而且對自己的前途事業也會大有裨益，一生受用不盡。

虞舜是一位難得的孝子，可惜他的獨眼老爸不是個慈父。他和小兒子象幾次想害死舜，可是機智聰慧的舜都化險為夷。對於父親和弟弟，他內心的孝敬和悌愛使他不忍撕破臉皮鬧翻，因為那樣，怎麼能是孝悌呢？所以他只好不動聲色，假裝糊塗，好像什麼事兒也沒發生一樣，一如既往，只是內心多了些警惕性。

有一次他們讓舜去挖井，等舜進去後便把井口堵

死。象以為這次舜必死無疑，便迫不及待地到舜的屋裡想打舜的兩位妻子的主意。不料舜大難不死，從井的另一出口早已脫身回到家裡。象一進屋門，舜正在床上彈琴。

象只好尷尬地說：「我正惦記著你呢！」

舜順水推舟說：「多謝你的美意，你真是我的好兄弟，今後管理臣民的事，請你協助我一起辦吧。」那時舜已是堯的法定接班人了，堯把自己的兩個女兒娥皇與女英嫁給了舜。舜可以說是靠裝糊塗齊家治國的第一人。

孟子在與他的學生談及此事的時候，有學生提問說舜的喜好是不是有點作偽呢？孟子答：「不是的。當年有人給鄭國的子產送了一些活魚，子產吩咐侍者放到池裡養起來，而侍者卻私自煮了吃了，回去向子產彙報說：『剛剛放進去的時候，微微地動，過了一會兒，就似乎很自在的樣子，慢慢地不見了。』子產說：『它們得了好去處啊，它們得了好去處啊！』侍者出來時別人說：『誰說子產聰明，我已經煮熟吃了，他還說它們得了好去處！』」

孟子最後總結道，與人交往，不必明察秋毫，喜怒形於色，只要心裡明白，表面假裝相信對方合乎情理的藉口，也未嘗不可。何必非要表現自己什麼都知道，不給別人一個臺階下呢！搞得對方很尷尬，對自己也沒有好處。

Life Thick

奇章公牛弘有個弟弟叫牛弼，喜歡喝酒，而且每飲必醉。曾經有一次喝醉了，射死了給牛弘駕車的牛。牛弘回家的時候，他的妻子迎上去對他說：「小叔子把牛射殺死了。」牛弘連想也沒有想，一口答道：「正好可以做成牛肉乾。」

一句話，掃卻了婦道人家將來多少唇舌。想與父母兄弟和睦相處的人，值得效法。

一個村裡有一位男人，妻子身體不好，幾乎沒有做過什麼粗活，只是在家做飯洗衣帶孩子，這在農村算是有福的女人了。可是這女人生性多事，又好護短，誰家的孩子欺負她的孩子啦，誰說了一句她家的壞話啦，她借誰家的東西人家不讓用啦，都要尋死覓活、加油添醋地向丈夫數落，並說嫁給你總是受人家的氣，我們就是好好欺負啊！這男人血氣方剛，本是火爆性子，一點就著，總要找人家打罵一通，在表面上占了不少便宜，可是把村裡的人幾乎得罪完了。以至於幾個孩子對他們也很反感，公然叫罵：「有這樣的父母，真是倒了八輩子的楣！」幾個孩子至今也找不到媳婦。媒人來說合的本來就少，有說成的，人家一打聽村人，立刻就不願意了。假若妻子或丈夫有一個人有教養些、忍耐些、裝裝糊塗，哪裡還有這麼多閒氣

和流血事件呢！不動聲色，順水推舟，得過且過，可以大事化小，小事化了啊。

遇事沈著冷靜，被認為是人生極為重要的修養。有一個詞語叫「處變不驚」，古人也是做出了很好的榜樣。

漢成帝建始年間，關內大雨連下了四十多天。京城裡的民眾無不驚慌起來，都說大水來了。百姓們到處奔走，相互踐踏，老弱呼嚎，長安城中大亂。大將軍王鳳以為皇太后和皇帝以及後宮裡的人可以乘船，並要官吏和民眾上城牆去避水。這時群臣都聽從王鳳的意見，只有右將軍王商說：「自古以來，無道的國家，大水尚且不會沖進城郭，今天是何原因會有大水在一日之內就暴漲進城呢？這必定是謠言。不應當令官吏百姓上城，那樣會使百姓遭到更嚴重的驚擾。」因此，漢成帝沒有下令。過了一會兒，秩序稍微穩定下來，派人查問，果然是謠言。於是漢成帝十分讚賞王商的冷靜沈著，遇事有主見。

唐開元初年，在民間流傳謠言，說皇上要來挑選女子去當嬪妃。皇上聽說之後，就命令選出後宮中多餘的嬪妃，送她們還家，於是謠言也就平息了。要制止誹謗，最好的辦法是自己拿出修身的實際行動來。

有很多古典戲劇說的是同一故事，其實歷史上真有

以牙還牙，以黑反黑

其事。明熹宗天啟初年，吳中一帶流傳謠言，說皇后要來挑選繡女。民間像發了狂一樣，都害怕被選作繡女。一時間，差不多所有的姑娘都嫁出去了。這是那些惡少無妻的人所幹的，而官府又不加禁止和追查法辦。因此，在男女之間造成婚姻悲劇和不幸的人多得很。

所謂「謠言止於智者」，聰明人知道在謠言、變故面前應不動聲色，於是謠言不攻自破，變故得到消弭和處理，這難道不是大智大勇嗎？

不懂得不動聲色的人太多了。他們或者想表現自己的聰明，結果證明了自己的愚蠢；或者驕傲自大，目中無人，不願意收斂鋒芒，結果成事不足，敗事有餘；或者忍受不了羞辱，口出狂言，弄得對方很尷尬，懷恨在心，伺機報復。

所以古往今來成就事業的人，都是不形於色、不形於言，善於克制自己，隱藏自己的目的和動機。形於色，形於言者，只是成事不足敗事有餘罷了。

厚臉皮
求人法

Chapter 6

纏而不賴「磨」

出色的辦事人員，通常具有許多人們所不具備的素質，而忍耐可以説是其中最重要的一種。所謂好事多磨，這個「磨」字就可以理解為忍耐。

一般來説，忍耐所表現的是對對方處境的理解，是對轉機到來的期待和對求人成功的自信，有了這種心境，你就能在精神上使自己處於強有力的地位，能夠方寸不亂，調動自己全部的聰明才智，想方設法去突破僵局。即使消耗一定的時間也是值得的。

從另一個角度來説，「磨」也可以理解為「好事多磨」，「好事多磨」消耗的是時間，而時間恰恰是一種武器。

時間對誰都是寶貴的，人們最耗不起的是時間。所以，如果你以足夠的耐心，擺出一副「打持久戰」的架勢與對方對壘時，便會對對方的心理產生震懾。

以「磨」對「拖」，足以促其改變初衷，加快辦事速度。所以，你要沈住氣，耐心地犧牲一點兒時間，反而

可以爭取到更多的時間。

　　例如，某學院校舍建設急需二十噸瀝青。校方派一位助理到物資部門請領，但負責此事的處長推說工作忙，要等兩個月才能提貨。助理非常著急，他怎麼能等兩個月呢？當他瞭解到倉庫裡有現貨，只是因為自己沒「進貢」人家才拖他時，更是怒從中來。

　　但他竭力控制自己的感情，思索解決辦法。他手頭一無錢二無物，再說他不想來那一套。他決心和處長「磨」。

　　從第二天起，他天天到處長辦公室來，耐心地向處長懇求、訴說。處長感到煩，不理睬他。處長不理，他就坐在一邊等，一有機會就張口，彬彬有禮，不吵不鬧，懇求訴說。處長急不得火不得，推不起趕不跑。「磨」到第五天，處長就坐不住了，他長籲一聲：「唉，我算服你了。照顧你這一次，提前批給你吧！」

　　有沒有足夠的耐心，還與人們的自尊心強弱有關。

　　當然，「磨」除了有耐心之外，還要具有一定的方法和原則，例如，你可以不厭其煩地登門拜訪，申訴你的理由和要求，但別指望很快就能得到答復和處理，你要有長期作戰的心理準備。

「磨」時，態度要誠懇，語氣應平和。即使受了冷遇，碰了釘子，或者處理者發了火，你也要沈住氣，只要問題能處理，受點兒委屈也值得。你依然要心平氣和地陳述你的看法。

「磨」時，要注意用語的分寸，多用懇請語氣，千萬不可用「怎麼還不處理呀？」「不是說今天就給我答覆嗎？為何講話不算數？」「你們到底什麼時候解決？」「這個月底前必須處理！」等等的責問句或命令句。如果改換另一種詢問口氣，可能效果會好得多。

在上門拜訪、「磨」的時間間隔上，要注意越來越短，次數上要越來越頻繁，以造成處理者的緊迫感。頻頻催問很可能引起對方的煩躁，這不要緊，只要你是有理有節，就沒有關係；只要你堅持不懈，就會帶來轉機。

據說，一位幫主管揹黑鍋的受害者向上一級主管告狀之後，這位上級主管不想過問，受害者於是頻頻催問，以至於連這位主管的妻子也嫌煩了，她對丈夫抱怨道：「這個人怪可憐的，天天來，煩不煩人？你就給他解決算了。」這位主管想想也是，因此，才下了決心，處理了這一問題。你瞧，「磨」這事還真非得有慢功夫不可。

有些人臉皮太薄，自尊心太強，經不住人家首次拒絕的打擊。只要前進一受阻，他們就臉紅，感到羞辱，氣惱，要嘛與人爭吵鬧崩，要嘛拂袖而去，再不回頭。

這些人看起來雖然很有志氣，但卻是沒有能力辦成大事的失敗者。

厚臉求人，放下面子

張老師酷愛收藏書籍，每天必圍書架轉上幾圈，以手拭去書上的灰塵，選幾本心愛的書籍，靠沙發一坐讀起來，其樂無窮。但某日好友李某到來，見其藏書，大加稱讚，並擇架上一書要借走。

此書乃張老師最珍貴的書籍之一，但礙於情面又不好不借，張老師仔細叮嚀李某三天後歸還。但三天後見李某又不好意思開口追要，於是一天拖一天，直至有一天張老師終於按捺不住，遂登李某之門索要，而李某卻瞪著眼珠子說，我什麼時候借你的書了，有憑據嗎？有借條嗎？張老師終於嘗到了「面子殺人」的滋味。

馬某自小與林先生熟識，林先生開公司後，馬某找到林先生說自己的兒子沒有工作，希望林先生公司給安排份工作。林先生明知馬某的兒子不爭氣，但念在多年故友的面子，就讓馬某的兒子來公司幫忙。誰知，馬某的這個兒子一則好逸惡勞；二則坑矇拐騙，不但工作不好，還借公司名義在外面招搖撞騙，給公司帶來一萬多元的經濟損

失。林先生一氣之下將馬某的兒子開除出公司。但沒想到馬某卻造他的謠，說他的公司有問題，自己的兒子是為了不變壞才自動離開公司的。林先生至此後悔不已，但無計可施。

有的人因為自己的無知而犯了錯誤，別人給他指出來，他卻因為面子關係不願承認，為了面子即使是犧牲一些利益也要堅持錯誤。這種人的「面子」的確昂貴得很。

過去楚地的人不認識生薑，看見生薑就對人說：「這東西是樹上結的。」

知道的人告訴他：「你說錯了，生薑是長在土裡的。」

這位楚人出於面子的考慮，固執己見，並和人家打賭說：「我敢用驢跟你打賭，然後咱們以十人為限，如果這十人都說生薑是土裡長的，我的驢就歸你。」

於是他們就去向遇見的人請教，結果一連問了十個，十個人都說生薑是長在土裡的。這回楚人沒話說了，但他卻對打賭的人道：「沒辦法，這十個人真沒見識，現在我的驢歸你了，可是要知道，薑還是樹上長的啊！」楚人不曉得生薑長在哪裡，他說生薑長在樹上其實並無把握的，只不過「鐵嘴鋼牙」罷了。

　　可見，他的死硬到底，並非是堅信自己的論斷，而是寧可輸驢而不輸口。因為在他看來，面子比驢更重要。

　　某廠的會計在審核一張出差單據時發現，業務部小張的報銷費中有三千多元屬於不應報銷的，於是予以駁回，不予報銷。但過了兩天，負責財務的張副廠長（小張的叔叔）找到會計說：「算了，給他報了吧，這事我知道。」

　　會計說：「張廠長，這不符合財務制度哇。」

　　張副廠長把臉一沉說：「怎麼，我負責財務，我說的話，你都不聽了嗎？你看著辦吧。」會計考慮了幾天，還是違心地給小張報了帳。這是為什麼呢？這是因為小張與會計是同事關係，而張副廠長卻是會計的頂頭上司，俗話說「船大還能漫過水去」，因此，會計在關鍵時刻頂不上去，做了違心的事。

　　馬群是個剛被提升的局長。當他乘坐的專車第一次開進局裡的大院時，門衛把車擋在了門外，直到司機和門衛解釋了好幾分鐘，才放車進門。馬群從心理上就對這個門衛抱有反感，果然，在他的竭力主張下，將局裡的門衛撤換了。

　　心理學家是這樣解釋他的行為的：作為新提升的局

長，他從心理上給自己塑造了一個新人形象，並希望人人接受這一形象，一旦這一形象不被人們接受，他便會產生惱怒和嫉恨心理，這也是一種情商病。犯這種病的人一旦地位變動就要發作，「面子」隨著「位子」的變化而變化是這種情商病的主要特徵。

與人打交道，面子問題很重要。中國人自古好面子，讀書人更好面子，一事當前，面皮薄，該開口的不開口，該要求的不要求，該批評的不批評，該拒絕的不拒絕，結果失去了大好時機，犧牲了自己的利益。所以有一種說法叫「面子殺人」，意思是說，有時候為了面子，可能傷害了自己，甚至犧牲了自己。

求人辦事，先把架子放下

　　我們在日常生活中經常會碰到這種人，他們在和同事們學習、研究問題的時候，一旦自己提出了一個意見和想法，別人就只有贊成和同意的份兒，如果有人提出異議，他就非要跟人硬頂到底不可。

　　總之，說來說去，只有他的道理對，別人只能按他的道理辦，否則就是損了他的面子。

　　自然，有的人也會稍微策略一些，他們或許不會和別人爭得面紅耳赤，硬說自己的道理和辦法對，但心理上卻拒絕外來意見，只想依著自己性子辦，總之，他們都是要用自己的行動來維護自己的臉面，至於效果如何則不管不顧。對於這些人來說，有時他們也並非百分之百地認為自己的看法和辦法正確，或百分之百地知道對方的建議錯誤和無用。

　　甚至還可能百分之百地知道自己的意見和辦法不靈或不佳，而確實知道人家的建議百分之百地勝過自己，但這些都不足以使他從善如流，屈己從人，或者稍稍吸收一

生活厚黑
心理學

些別人的長處，關鍵就在於他們不肯犧牲自己的面子。

人一旦把面子看得比真理還重要，那就變得十分荒唐可笑了。

《賢奕編》裡有這樣一則故事：以前有個盲人，由窄窄的板橋上通過一條乾涸了的小溪，一失足由橋上滑了下去，幸虧兩手抓住了板橋上的橫木，拼命瞞扎，又喊又叫，自以為一失手必然要落入深淵，活不成了。

過路的人看到以後，就好心地告訴他說：「沒關係，只要一放手，你就腳踏實地了。」可是盲人卻根本不相信，覺得有眼睛的人一定是在故意捉弄他，想看他出醜，於是照樣抓著橫木大聲喊叫，直到實在支持不住，失手墜落到地上的時候，才知道過路人說得是真的。

這個盲人，自己不能看見道路，如果能夠正視這一點，請明眼人帶路，不顧及面子，衝得上去，這固然很好，但既然已經失足了，能退得下來，聽從別人勸告也好，可以穩穩當當地行走，但他既衝不上去，又退不下來，那就荒唐可笑了。

當一個人進退兩難時，就能體會到「衝不上去，退不下來」的痛苦。

例如，在當今社會，為了提高生活水平，加快致

Life Thick

富，人們背井離鄉奔向開放和繁榮的地方，就像「水往低處流」一樣自然。而固守鄉土、足不出戶、謹小慎微、害怕變化等等觀念和心態，反倒有悖於市場經濟的內在要求。

但現實生活中，很多人處於一種「衝不上去，退不下來」的尷尬境地。

他們一方面不甘於目前的工作及生活環境中，他們或者是不適合自己的工作，或者不喜歡目前的環境，認為沒有發展餘地，理智告訴他們「應該退下來」另謀發展，但他們卻害怕離開現在環境後狀況會更惡化，因此，處於一種「退不下來」的狀況；而另一方面，他們又不可能硬著頭皮在現有的工作環境中繼續努力地做下去，處於一種「衝不上去」的狀態。

這樣的人在現在生活中實在是太多了，這兩種狀態維持時間越長，浪費的時間和遭受的痛苦越多。

看過《田中角榮》的人也許還記得這樣一個故事，田中角榮年輕時曾經做過給屋頂鋪瓦的粗活，一次不小心踩碎一塊瓦，被工頭撞見，好生奚落、責備，田中角榮一怒之下踩碎好多塊瓦，頭也不回地辭職而去。這個故事至少可以說明一個道理，一種工作不是每一個人都適合，當

生活厚黑
心理學

工作不適合自己，或者自己不適合工作，以及自己不適合某一工作環境時，唯有個人尋求發展才是最好的解決辦法。

當一個人進也不能，退也不是，想走走不了，想呆又呆不下去之時，他們心理就會發生負面的變化。公司裡的人際關係複雜，做不了事和不做事的人多了，這人看著那人不順眼，這部門看著那部門輕閒，這人看著那人多賺了錢，以及甲議論乙、乙評論丙，丙又見到丁就煩，以至於天長日久，有些人心理都發生異變，整個公司裡都見不到一個順眼的人。這種狀況使人感覺活著真累！

對於「衝不上去，退不下來」的病症，應該採取什麼辦法來治病呢？

一、硬衝法

所謂硬衝，就是要明確堅決要衝的決心，一而再、再而三地往前衝，絕不半途而廢。

宋代時，有一次趙普向太祖推薦一位官吏，太祖沒有允諾。趙普不為此尷尬，第二天臨朝又向太祖提出這項人事任命請太祖裁定，太祖還沒有答應。趙普仍不死心，第三天又提出來。連續三天接連三次反覆地提，同僚也都吃驚，趙普何以臉皮這樣厚！太祖這次動了氣，將奏摺當

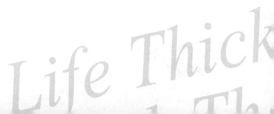

場撕碎扔在了地上。但趙普自有他的做法，他默默無言地將那些撕碎的紙片一一拾起，回家後再仔細地重新粘好。第四天上朝，話也不說，將粘好後的奏摺舉過頭項，立在太祖面前不動。太祖為其感動，長歎一聲，只好准奏。

二、硬退法

所謂硬退，就是咬定牙關，一定要退下來，不管有多難，都要硬退，因為退下來後，活動餘地更大，選擇更多，這就好似古語所說：「退一步海闊天空。」

例如，北京某廠技術科長郭某，設計的產品曾多次獲獎，對廠裡貢獻很大，廠裡也獎勵過他一間房子。後來廠主管懷疑他私自為外廠工作，撤銷了他的科長職務，還把他調到了與技術無關的職位。

郭某因不能發揮特長，這時當然是沒有辦法「衝」了，只有想退路了，於是他要求調到某分公司，廠裡堅決不放。

因為此時的企業經營面臨著非常困難的境地，專業隊伍不穩定，廠裡認為同意郭某調走會使更多的技術人員外流，而不安排郭某的工作也只是暫時的，以後還是要用的。這時郭某就採取硬退之法，說什麼也不願再幹，一方面申請離職，另一方面積極去別家企業說明並聯繫工作，

廠裡一看他心意已決，只好放他走人。

三、進退兩全法

此法一方面考慮到別人的面子問題，使別人能「退」；另一方面又堅持自己的原則，使自己能「衝」，這種方法更適合於素質較高的當事人及事情尚有餘地的情形。如太史公司馬遷的著作《史記・滑稽傳》載：戰國時期，齊威王荒淫無度，不理國政，好長夜之飲。

由於上行下效，僚屬們也全不幹正事了，眼看國家就要滅亡，可是就在這種節骨眼上卻沒有人敢去進諫，最後只好由「長不滿四尺」的淳於髡的出面了。但是他並沒有氣勢洶洶、單刀直入地向齊威王提出規諫，而是先和他搭訕聊天。他對齊威王說：「咱們齊國有一隻大鳥，落在大王的屋頂上已經三年了，可是它既不飛，又不叫，大王您知道是什麼原因嗎？」

齊威王目前雖然荒淫好酒，但是他本人卻不是一個同夏桀、商紂一樣壞進骨子裡去的人物，所以一明白淳於髡的隱語之後，他就被刺痛並醒悟了，於是很快回答說：「我知道。這隻大鳥它不鳴則已，一鳴就要驚人；不飛則已，一飛即將沖天。你就等著看吧！」說畢立即停歌罷舞，戒酒上朝，切實清理政務，嚴肅史治，接見縣令長

七十二人，賞有功一人，殺有罪一人。隨後領兵出征，打退要來侵犯齊國的各路諸侯，奪回被別國侵佔去的所有國土，齊國很快又強盛起來。

　　對於正常人來說，要面子並非缺點；相反，在某些時候倒是必要的。如果一個人連一點兒面子都不講了，那倒是一個奇怪的現象，甚至是十分值得擔心的事情。但是，愛面子如果到了可以犧牲原則，固執己見到了不分是非的地步，那就不正常了。

求人辦事，難得糊塗

　　求人辦事很多時候就需要你真明白但裝糊塗。在做人糊塗方面，有的人可謂是無與倫比。

　　例如，《水滸傳》中的林沖，已被人多次算計，還要誠信地赴約誤入白虎堂，甚至到了黑松林還要說「無冤無仇，望祈饒命」的癡話，這是由老實而落入愚蠢。而三國時期的劉備裝呆作癡，則是謀略上的韜光養晦大師。劉備處在低谷時期，只有暫時投向走運的曹操。

　　而他暗地又參與了滅曹的組織，只好裝癡，將自己的計劃隱藏到深處，屈作一菜農。不然稍稍露出蛛絲馬跡，就會遭殺身之禍。

　　曹操擊敗呂布，奪取了徐州，劉備因自己勢單力薄，只好隱藏下自己獨展宏圖的夙願，暫時依附於曹操。

　　曹操原本對劉備不放心，消滅呂布後，讓車冑鎮守徐州，把劉、關、張一同帶回許都。既然歸順於他，也就得給些甜頭，於是曹操帶劉各進見獻帝，論起輩分，劉備還是獻帝的叔叔，所以後來人家叫他「劉皇叔」。劉備原

先就是豫州牧，這次曹操又薦舉他當上了左將軍。曹操為了拉攏劉備，對他厚禮相待，出門時同車而行，在府中同席而坐。一般人受到如此的禮遇，應該高興，劉備卻恰恰相反，曹操越看重他，他越害怕，怕曹操知道自己胸懷大志而容不下他，更怕「衣帶詔」事發。原來，獻帝想擺脫曹操的控制，寫了一道討滅曹操的詔書，讓董承的女兒董人縫在一條衣帶中，連一件錦袍一起賜給董承。董承得到這「衣帶詔」，就聯合了種輯、吳子蘭、王服和劉備結成滅曹的聯盟。因為此事關係重大，一點兒風聲也不能洩漏。於是，劉備裝起糊塗，在後花園種起菜來，連關羽、張飛都摸不透大哥為什麼變得這麼窩囊。

隋煬帝大業十一年（西元六一五年），李淵被任命為山西、河東撫慰大使，奉命討捕群盜。對於一般的盜寇如毋端兒、敬盤陀等，都能手到擒來，毫不費力；但對於北鄰突厥，因突厥自恃有鐵騎，民眾又善於騎射，卻是大傷腦筋。經多次交戰，李淵敗多勝少，突厥兵更是肆無忌憚，李淵視之為不共戴天之敵。

西元六一六年，李淵被詔封為太原留守，突厥竟用數萬兵馬多次衝擊太原城池，李淵遣部將王康達率千餘人出戰，幾乎全軍覆滅。後來巧使疑兵之計，才勉強嚇跑了

生活厚黑
心理學

突厥兵。更可惡的是，盜寇劉武周，突然進據歸李淵專管的汾陽宮（隋煬帝的離宮之一），掠取宮中婦女，獻給突厥。突厥即封劉武周為定楊可汗。另外，在突厥的支持和庇護下，郭子和、薛舉等紛紛起兵鬧事，李淵防不勝防，隨時都有被隋煬帝藉口失責而殺頭的危險。

　　人們都以為李淵懷著刻骨仇恨，會與突厥決一死戰。不料李淵竟派遣謀士劉文靜為特使，向突厥屈節稱臣，並願把「美女玉帛」統統送給始畢可汗！

　　李淵的這種屈節讓步行為，就連他的兒子都深感恥辱。李世民在繼承皇位之後還念念不忘：「突厥強梁，太上皇（即李淵）……稱臣於頡利（指突厥），朕未嘗不痛心疾首！」

　　李淵卻「眾人皆醉我獨醒」，他有他自己的盤算，屈節讓步雖然樣子上難看一點兒，但他意識到能屈能伸方可成為大丈夫。

　　原來李淵根據天下大勢，已斷然決定起兵反隋。要起兵成大氣候，太原雖是一個軍事重鎮，但不是理想的發家基地，必須西入關中，方能號令天下。西入關中，太原又是李淵大軍萬萬不可丟失的根據地。那麼用什麼辦法才能保住太原，順利西進呢？

　　當時李淵手下兵將不過三、四萬人馬，即使全部屯住太原，應付突厥的隨時出沒，再加上又要追剿有突厥撐腰的四周盜寇，已是捉襟見肘。而現在要進伐關中，顯然不能留下重兵把守。唯一的辦法是採取和親政策，讓突厥「坐受寶貨」。所以李淵不惜屈節讓步，俯首稱臣，且親寫手書：「欲大舉義兵，遠迎主上，複與貴國和親，如文帝時故例。大汗肯發兵相應，助我南行，幸勿侵暴百姓。若但欲和親，坐受金帛，亦唯大汗是命。」與突厥約定，共定京師，則土地歸我唐公，美女玉帛則統統獻給可汗。

　　退一步，海闊天空。唯利是圖的始畢可汗果然與李淵修好。在李淵最為艱難地從太原進入長安這段時間裡，李淵僅留下第三子李元吉率領少數人馬駐紮太原，卻從未遭過突厥的侵犯，依附突厥的劉武周等也收斂了不少。李元吉於是有能力從太原源源不斷地為前線輸送人員和糧草。等到西元六一九年，劉武周攻克晉陽時，李淵早已在關中建立了唐王朝。此時的唐王，已在關中站穩了腳跟，擁有了新的幅員遼闊的根據地，劉武周再也不是李淵的對手了。李淵派李世民出馬，不費多大力氣便收復了太原。

　　再一重要原因，由於李淵甘於屈節讓步，還得到了突厥的不少資助。始畢可汗一路上送給李淵不少馬匹及士

兵，李淵又乘機購來許多馬匹，這不僅為李淵擁有一支戰鬥力極強的騎兵奠定了基礎，「而且因為漢人素懼突厥兵英勇善戰，李淵軍中有突厥騎兵，自然憑空增加了聲勢。

李淵屈節讓步的行為，雖為不少人所不齒，但在當時的情況下，不失為一種明智的策略，它使弱小的李家軍既平安地保住後方根據地，又順利地西行打進了關中。如果再把眼光放遠一點兒看，突厥在後來又不得不向唐求和稱臣，突厥可汗還在李淵的使喚下順從地翩翩起舞呢！

由此看來，暫時的屈節讓步，往往是贏取對手的支持，最後不斷走向強盛的一條有用的妙計。

「成大功者不謀於眾。論至德者不合於俗。」這是秦國嬴政讀《商君書》一開始就看到的兩句話。這兩句話對他影響特深，使得這個本來就心理陰暗、性格孤僻的嬴政，在接受秦國傳統文化薰陶後，變得更加冷漠、殘酷，對一切人都不信任，對眾人都仇視，唯一追求的就是個人的功利。為了個人目的，他可以忍耐旁人無法忍受的壓力，在長達數年之久的秦王之位上，甘心坐冷板凳，眼睜睜地看著呂不韋在身邊頤指氣使地發號施令。他甚至視而不見地任憑呂不韋之流出入自己母親的後宮，眼看著他們在母后的床笫間恣意歡樂。但是，這種壓抑的性格，潛藏

著令人們想都沒想到的仇恨，一旦得志他會像豺狼一樣吃掉任何一個人。說他「居微易出人下，得志亦輕食人」，簡直恰當極了。

不過，在秦王政八年之前，他必須保持沈默，必須裝聾作啞，裝得什麼也不懂，任呂不韋擺佈。尤其是《呂氏春秋》公佈後的一段日子裡，嬴政似乎像是什麼事都沒有發生一樣，沒說一句評論的話，甚至沒有任何表情。令呂不韋捉摸不透。

事實上，嬴政這些日子緊張極了。下朝以後他匆匆忙忙回到後宮，顧不得和宮女們嬉鬧，就伏在案上閱讀《呂氏春秋》，他急於弄清呂不韋這部書裡寫的什麼內容，他要幹什麼。

「咚咚」，宮中巡夜的衛士敲著警器已經走過三遍，滴漏刻示標出已是夜大半的時刻。可是宮中的秦王寢殿內還亮著燈光，嬴政從晚飯後一直伏在案上看《呂氏春秋》。他眼睛從簡上掠過，腦海裡翻江倒海似的掀起波濤。書中所寫的內容，有的使他拍案讚賞，有的則令他憤怒髮指，不知不覺已到深夜。宮女、侍衛們偷偷地看了幾次，誰也不敢請他睡覺，他們都納悶，究竟是什麼吸引秦王如此動情。

「好！説得好。」忽然聽到嬴政大叫，下人忙進來看，誰知嬴政原來是看書入神自言自語，高興得大叫。他看到的是《有始覽·謹聽》中的一段文字：「今周室既滅，而天子已絕，亂莫大於無天子，無天子則強者勝弱，眾者暴寡，以兵相殘，不得休息。」

　　當時東、西周均被秦所滅，掛名的「天子」確實「已絕」，年輕的秦王嬴政儼然以未來的天子自居，當然欣賞這種重新建立以「天子」為中心的、統一的中央集權的新秩序的言論和主張，所以對於戰爭實現統一的目的理論也由衷地贊成。同時，他對於以武力的方式完成統一大業，也頗讚賞，比如《孟秋紀·禁塞》中所寫的：「故攻伐者不可非，攻伐不可取；救守不可非，救守不可取。惟義兵為可。兵苟義，攻伐亦可，救守亦可。」

　　這裡説的「義兵」就是指消滅各諸侯國割據、實現統一的秦軍。《呂氏春秋》中還明確提出戰爭勝利後要建立統一的政權、統一的法令。《審分覽·不二》中所寫的：「必同法令，所以一心也；智者不得巧，愚者不得拙，所以一眾也；勇者不得先，懼者不得後，所以一力也。故一則治，異則亂；一則安，異則危。」

　　呂不韋當政期間進行了統一戰爭，正是《呂氏春

秋》中提出的上述主張的具體實踐。看到這裡，秦王嬴政知道了，在主張用武力消滅各諸侯國、建立中央集權的統一政府方面，呂不韋想法和自己是一致的。

在求人辦事方面，新處世學有一套較好的辦法。

一、謙虛

在表達有關意思時不用「我」而使用其他比較謙虛的自我稱號，以免盛氣凌人，令人反感。例如：「晚輩失禮了，這點事還要麻煩先生。」

表示謙虛，這也是禮貌交往的一個重要原則，在比較正規的場合，尤其需要如此。

二、尊重對方

在表達有關意思時，使用指代詞等把時間、地點等方面的視點推遠。例如：「那種事情用不了你多大功夫。」

細細體會，使用指代詞確實比使用近指代詞顯得婉轉一些。

例如：

「上頭規定這事由我負責，所以我非求你不可。」在為公務求人時，陳述規定是一種比較通行的做法。這比以個人的口氣發號施令要禮貌得多。在平常規勸人的時

候，這種方法有時也適用。

三、不要做忘恩負義的人

在提出請求、願望等時，表示自己將對人非常感激，並且會銘記人家所做的一切。例如：「如蒙鼎力相助，我們將不勝感激。」「你的大恩大德，我們終生不忘。」

尊重別人的勞動，特別是重視別人對自己的幫助，這是人際交往的一條重要原則，應該在語言中表達出來。

四、表達自己左右為難的心態

就是使用自相矛盾的話把有關意思表達出來。例如：「我本來不想跟你提這事，可是還是提了。」

回答人家的問話，有時表示肯定不好，表示否定也不好，使用模棱兩可的話比較合適。

五、用「反語」督促對方辦事

使用反語來表示親密的揶揄、暗暗的責備等，以免話語過分呆板，令人感到不大自在。例如：「你真會開玩笑！」（實際上對方不開玩笑）。「朋友找你幫忙，看你多熱心！」（實際上他很冷漠。）

反語要是使用得當，可以打破僵硬的對話氣氛，密切雙方關係並顯得比較輕鬆愉悅。

六、向對方請教看法

透過反問式修辭問句把有關意思表達出來，以免直陳己見，顯得缺乏涵養例如：「我能怎麼辦呢？」（比較：事情太糟了，我什麼辦法也沒有。）

在有些語言場合，使用反問式的疑問句確實比直陳胸臆要委婉、得體一些。

七、間接地表達看法

就是使用含有多種解釋的話語，把有關看法間接地表達出來，以免直接與對方產生分歧，例如：「這可是一種見仁見智的事情。」（你說好也行，你說不好也行。）

對某件事發表意見，在不清楚對方觀點和態度的情況下，最好不要隨意表態。含糊一點兒，靈活一點兒，則可能更好些。

八、「含沙射影」地說明看法

就是用不點名道姓的辦法把有關意思表達出來，以免叫人面子難下。例如「好像有人在上面阻礙我們。」（比較：這事是你幹的。）

在遇到有人故意刁難、請求對方高抬貴手時，不把事情點破，儘量照顧人家的面子，是非常有益的。

九、將大事簡單化

就是使用籠而統之的話把有關建議或要求表示出來，避免吆來喝去，令人反感。

叫人做事，有時只要講講必要性就可以了。如果加一點兒鼓勵的詞語，效果則更好。

十、訴苦以求助的方法

就是使用說半句留半句的方法把有關想法或要求表達出來，做到點到為止。例如：「我們公司已經半年沒發工資了。你們一下子收這麼多費用……」直接了當阻止別人做某事是頗為令人惱火的，有時只要把不好的可能性稍稍點一點，人家就很明白了。

宋代蘇洵在《審敵》中寫道：「為一身謀則愚，而為天下謀則智。」為個人謀利益則思維狹隘，為天下謀利益則思維開闊。它的主要原因就是，為個人私利考慮得多，就必然將個人的利益凌駕於許多人的利益之上，思維基礎的變化必須導致思維結局的變化。所以，只有思維開闊，不受私利的狹隘觀念所限制，才能使一個人的思維清醒、正確、明智。

厚黑求人，往自己臉上貼金

　　我們這個民族，是個內向的民族，在這個民族中，一般說來，人們都不善於自我推薦。一提到別人，可以滔滔不絕，把別人的優點或缺點分析得頭頭是道；一講到自己，特別是提到自己的優點，不是難以啟齒，就是借講自己的缺點拐彎抹角地講出自己的成績，以為不這樣，就不能表現出自己的謙虛。這就成了我們求人辦事的最大障礙，也與「往臉上貼金」的厚黑辦事術背道而馳。

　　按照《厚黑學》的觀點，在社會上生活的人，誰都要滿足自我的需要，都希望別人能承認、尊重、賞識自己的知識和才能。為了達到說話辦事的目的，每個人都在不斷地想方法在他人面前表現或推銷自我，以使對方從心理上接受自己，為求人成功開通道路。

　　「威震乾坤第一功，轅門畫鼓響咚咚。雲長停盞施英勇，酒尚溫時斬華雄。」這是《三國演義》第五回中讚揚關羽溫酒斬華雄這一壯舉的詩篇。然而，對於關羽來說，與華雄交手的這一機會真是得來不易。

十八路諸侯討伐董卓時，袁紹為盟主，袁術為督糧官，孫堅為先鋒，曹操是聯合討伐董卓的發起人，在各路諸侯中也很有地位。劉備當時不過是個卑小的縣令，關羽、張飛一個是馬弓手，一個是步弓手，受諸侯之一、影響不大的公孫瓚之邀，也參加了討伐董卓的行動。

　　董卓部將華雄當先率精兵五萬，迎戰袁紹等人，眾諸侯出師不利，接連受挫。華雄勇敢善戰，先斬鮑信的弟弟鮑忠，攻破孫堅的營寨。

　　接著又殺了袁術的驍將俞涉、韓馥的大將潘鳳，眾諸侯大驚失色。袁紹說：「可惜吾上將顏良、文醜未至！得一人在此，何懼華雄！」

　　話音剛落，關羽大呼而出：「小將願往斬華雄頭，獻於帳下！」袁紹問關羽現居何職，公孫瓚告訴他是劉備手下的馬弓手。

　　袁術大喝：「汝欺吾眾諸侯無大將耶？量一弓手，安敢亂言！與我打出！」曹操急忙出面：「公且息怒。此人既出大言，必有勇略；試教出馬，如其不勝，責之未遲。」袁紹說：「使一弓手出戰，必被華雄所笑。」曹操說：「此人儀表不俗，華雄安知他是弓手？」經曹操苦勸，關羽才得以出戰華雄。臨行前，曹操命令賜熱酒一杯

為他壯行，關羽讓暫且斟下，提刀上馬。不多時，關羽回帳，把華雄的人頭擲在地上，曹操所賜之酒尚溫。這時，張飛高聲大叫：「俺哥哥斬了華雄，不就這時殺人關去，活拿董卓，更待何時！」袁術大怒：「俺大臣尚自謙讓，量一縣令手下小卒，安敢在此耀武揚威？都與吾趕出帳去！」曹操說：「得功者賞，何計貴賤乎？」袁術說：「既然公等只重一縣令，我當告退。」曹操怕鬧翻，讓公孫瓚帶劉備、關羽、張飛回寨，暗使人送酒肉撫慰三人。

善於自我推銷的厚黑人士，雖然有可能面臨著失敗和被人嘲諷的可能，但這正是人生走向成功的關鍵一步，歷史上便有許許多多這樣的奇人異士，他們透過自我推銷而走上了成功的人生之路，毛遂自薦便是最出名的一個例子。

毛遂自薦的故事歷來被人們所熟知，這就說明了有才華的也要善於表達自己，試想一下，如果沒有毛遂勇敢地站出來推銷自己，歷史還會記下他的名字嗎？

西元前二五八年，秦軍包圍了趙國的都城邯鄲。趙王派平原君出使楚國，與楚聯盟抗秦。

平原君準備帶領二十名精明強幹、文武兼備的門客跟隨。他精心挑選了一番，只選出了十九名，再也選不出

生活厚黑
心理學

中意的人了。這時門客中有個叫毛遂的走上前來，向平原君自我推薦說：「我聽說您將要出使楚國，準備帶家中門客二十人，現在還缺一人，希望您就把我當成其中的一員吧。」

平原君說：「先生到我的門下幾年了？」

毛遂說：「已經三年了。」平原君說：「有才能的人處在世上，就像一把錐子放在口袋裡一樣，那鋒利的錐尖很快就會透出來。如今先生在我門下住了三年，可是左右的人沒有稱頌你的，我趙勝也沒有聽說你呀。這似乎說明你沒有什麼才能，先生還是留在家裡吧。」毛遂說：「我只是今天才請求你把我裝進口袋裡去罷了。假如我這只錐子早一點進口袋裡，早就脫穎而出了，難道僅僅只是露一點鋒芒嗎？」

平原君於是答應帶毛遂與十九人同去楚國。

到了楚國，平原君和楚王在朝廷上談論合縱抗秦大事，毛遂與其他十九人在臺階下等候。他們從早晨一直談到中午竟毫無結果。其他門客對毛遂說：「先生你上去談一談吧。」

毛遂於是拿著寶劍，沿著石階，一步步走上去，對平原君說：「合縱的利害關係明明白白，兩句話就可以說

厚臉皮求人法

完，可是今天太陽一出來就開始討論，直到中午還沒有結果，這是為什麼呢？」

楚莊王問平原君：「這人是幹什麼的？」平原君說：「是我的門客。」

楚王喝斥道：「還不給我退下去，我正在同你的主人說話，你來幹什麼？」

毛遂按劍而上前說：「大王竟敢如此喝斥我毛遂，憑藉的是楚國人多嗎？眼下，在十步之內，大王無法依仗人多勢眾，大王的性命就懸在我手中。我的主人在眼前，你喝斥我幹什麼呢？況且，我聽說商湯憑方圓七十里的土地就可以在天下爭王，周文王憑方圓百里的地盤，而使諸侯歸附稱臣，哪裡是僅因為他們的兵多呢？現在楚國有方圓五千里的土地，拿著兵器的將士亦有百萬，這是你稱霸的極好資本，天下誰能抵擋呢？然而事實上楚國卻連連受辱。白起，只不過是秦國的末將，僅率領幾萬人馬，就敢起兵與楚作戰。第一戰就拿下了你的鄢、郢，第二仗就燒毀了你的夷陵，第三仗污辱了大王的宗廟，這是世世代代的怨恨，連趙國也為之感到羞恥，但是大王卻淡忘了這種刻骨仇恨。合縱之事，主要為的是楚國，而不是趙國啊！你還有什麼拿不定主意呢？」

生活厚黑
心理學

楚王被説服了，當場表示：「是的，的確像先生説的，為保全我楚國的江山社稷，我們參加抗秦。」毛遂問：「大王決定了嗎？」楚王説：「決定了。」毛遂對左右的官員説：「請把狗、雞、馬的血拿上來。」毛遂捧著盛血的銅盆跪著獻給楚王，説：「那就請大王和我的主人平原君歃血為盟吧。」就這樣，楚趙聯合抗秦的盟約就確定了。

　　毛遂憑藉三寸不爛之舌最終説服了楚王，使趙國暫時避開了強秦的威脅，毛遂這個未放入口袋的錐子也最終脱穎而出，成了平原君門下的重要門客。

　　做人要有真本事，濫竽充數之人雖然可以蒙蔽別人一時，卻不可能蒙蔽別人一輩子，但做人也怕有了真本事也不會表達自己，空有一身才華卻無人賞識，正所謂「好酒也怕巷子深」，所以一個人若想出人頭地，適當的時候站出來推銷自己，要比躲在角落裡等著被別人發現強百倍、千倍都不止。

捧人
求人法

Chapter 7

順著哄著捧著

　　吹捧對方，首先可以把他美化成道德上的「完人」，比如說他人品有多麼的好，有多麼的講義氣，這就讓他拒絕你的時候很困難，甚至不好意思開口拒絕你。

　　其次可以把對方標榜為能力上的「超人」，那麼分內的小事自然不在話下。誇大某人的能力，這些話他聽了自然會很高興。。

　　美國黑人富豪詹森決定在芝加哥為公司總部興建一座辦公大樓，出入無數家銀行，但始終沒貸到一筆款。於是決定先上馬後加鞭，設法將自己的兩百萬美元湊集起來，聘請一位承包商，要他放手建造，自己想方設法籌集所需要的其餘三百萬美元。

　　建造工程持續施工到所剩的錢僅夠再花一個星期的時候，詹森和大都會人壽保險公司的一個主管在紐約市一起吃晚飯。詹森拿出經常帶在身邊的一張藍圖準備攤在桌上時，保險公司主管對詹森說：「這兒我們不便談，明天到我的辦公室來。」

第二天，當詹森斷定大都會公司很有希望給他抵押借款時，他說：「好極了，唯一的問題是今天我就需要得到貸款的承諾。」

「你一定在開玩笑，我們從來沒有在一天之內給過這樣貸款的承諾。」保險公司主管回答。

詹森把椅子拉近說：「你是這個部門的主管。也許你應該試試看你有沒有足夠的權力把這件事在一天之內辦妥？」對方微笑著說：「你這是逼我上梁山，不過，還是讓我試一試看。」他試過以後，本來他說辦不到的事終於辦到了，詹森也在錢花光之前幾個小時回到了芝加哥。

這裡的關鍵是務必找到並擊中對方的要害，迫使他就範。就這件事兒來說，要害就是那位主管對他自己權力的尊嚴感，他受到極大的誇獎之後，心裡自然就會產生一種順從這種誇張的心理，並且會有強烈的欲望要把這種誇張的東西變成現實以證明自己的能力。

某工程機械製造廠的科長對他的一個部屬說：「小齊，你看起來氣色蠻好的嘛，聽說最近挺清閒的？你看人家小賈多忙，在這個社會上，總是能者多勞。不過聽說你的英文很棒，反正閒著也是閒著，幫我翻譯一篇稿子，這個禮拜就要！」

捧人求人法

Life Thick

「這禮拜？我恐怕要跟你說聲抱歉，下星期一我有一個考察，必須準備一些相關資料，恐怕沒時間為你翻譯，科長不也是大學畢業嗎？我看根本不用託我嘛，反正連正職的工作我都做不好，就別說翻譯這麼重要的事情了。」

「啊，我知道了，算了，不求你也罷。」

上面的科長是在求人辦事嗎？找下屬替自己翻譯，是要去「說服」而不是「貶低」他。拿對方同別人相比，言辭間流露出批評之意，甚至還抨擊對方工作沒做好。如此一來，對方哪還會想替你做事？這實在是個說話糟糕透頂的科長。

事實上許多人都是這個樣子，傷害了他人的自尊，卻還一副若無其事的樣子，礙於上司下屬的關係，對方即使受到傷害，也不至於當場和你翻臉，但長期下來，下屬心中對於上司的不滿久而久之也會忍不住溢於言表了。

如果那位科長像下面這樣說話就不會碰壁了：「小齊，你最近有空嗎？聽說小賈最近很忙，知識經濟時代嘛，總是能者多勞啊。下周你又要外出考察，你現在一定很忙吧！我聽人說你的英文很不錯，不知能否抽空幫我翻譯一篇文章？是非常重要的資料，這個星期就急著要的，

你看行嗎？」

「這周就要嗎？科長您都不敢掉以輕心，看來這篇翻譯想必非常重要。雖然不知是否能讓您滿意，我一定會全力以赴的！」聽了上面的話，小齊一定會接受。

「我就知道你絕對沒問題，不然我也不會來找你了，那就拜託你啦！」如此和氣又尊重的請託，誰會忍心拒絕呢？這是由於對方的自尊心得到了極大的滿足。無論是誰，對自身的東西都會有一分自豪、珍惜之心。尊重這份感情，也就能贏得對方的信賴。下屬若能在工作上得到上司的肯定，就很容易產生「甘為對方赴湯蹈火」的情感，而傷害對方的自尊可說是求人辦事的一大禁忌。

恭維並非小人之計，虛心的恭維會讓人難以抵抗。當別人稱讚自己時，自己會做出一副謙虛的樣子，但心裡卻由衷地感到高興，同時也會對稱讚自己的人有一種好感。所以，要達到說服他人的目的，不妨先恭維他一番，但要注意的是，不要借貶低別人來恭維對方，否則會讓人覺得你是「小人之心」，不懷好意。

對方喜歡什麼你就給什麼

俗語說：「人心隔肚皮。」意思是指不容易知道別人的真正意向，但研究精神分析學的人卻認為人心是「包著幾層皮」的。

他們認為最內層是「自我」，即一切為自己打算作出發點。自我的外層，是「下意識」。這兩層的外表，大概要包上四五層的「皮」，你很難發現它的真相。

我們在日常生活中，自然不必像精神分析家那樣研究到對方的「最深層」，但最低程度應該替對方想一想，只要你站在對方的立場稍加推敲，你就可以把對方的內心「思過半矣」。

投其所好是目前許多人都善於運用的交際術之一。比如，某人喜歡看電影，或對某人特別崇拜，若去找他，一開始就大談電影和介紹某人的情況，他一定會喜歡的。等到他心花怒放時，內心所有的皮都被剝開，一切就容易解決了。但這不要和「拍馬屁」混為一談。

社會上有許多人常用滿口的奉承話來應付朋友，他

們常對他人的事務或嗜好表示意見。比方某人知道你是做印刷生意的，他就為了迎合你的興趣，大講其印刷經；當他知道你是喜歡釣魚時，就大講其釣魚之道。

曉得運用這種方法的人，自然都是逢迎能手。但是要注意，這種做法，往往會引起別人的憎厭，理由很簡單，你所講的對方未必都會有同感！

你要得到別人的合作，需要瞭解別人的意願，因為對方的感受和投入程度決不會與你相同。

假如你自己不吸菸，甚至對煙昧極度討厭，這不過是你個人的感覺，但你吸菸的朋友可能同意你的感覺嗎？如果他們也和你一樣厭惡菸味，他們就不會吸菸了。因此，你向那些吸菸的朋友表示你厭惡香煙是沒有效果的，你只要說「不吸菸」就夠了。

有家百貨公司，他們的職員要受到特別訓練，比方說，有一個客人來選購西服，選來選去，選中了兩套，但他只想買其中的一套，所以，必須在兩者之間選擇一套。這種情形是常有的，顧客的心理，並不是考慮兩套西服的品質如何，只不過是難以取捨罷了。

如果這時售貨員這麼說：「我以為這一套比較好，因為色澤和質地都更適合你。」客人聽到你這麼說，保

證會買下這一套的。這就是掌握了顧客心理活動變化的效果。還有，他們絕不會向顧客說：「這件東西比較便宜。」而會婉轉地說：「這件東西比較耐用。」或「實用」之類的話，藉以掩飾顧客的「貪便宜」的自卑感。

其實，貪便宜的心理人人都有，我們在應酬上要討取別人的好感，不妨偶然向別人施捨點兒小便宜。好好地利用這種心理去應酬，也是一條成功的路徑，這並不是詭詐，正當地運用起來，並不比其他方法遜色。

不吝讚美，不惜吹捧

　　李宗吾認為，對讚美的渴求源於人的本性，具有無窮的力量。人不僅需要物質需求，更重要的還有精神需求，讚美給予人們的不僅僅是自尊心，還能給人以自信和力量，這種精神的力量是無法用其他東西所代替的。

　　說一句簡單的讚美話，實在不是一件困難的事情，只要你願意並留心觀察，處處都有值得讚美的地方。適時說出來，會讓你的事情辦得順風順水。

　　法國總統戴高樂一九六〇年訪問美國時，在一次尼克森為他舉行的宴會上，尼克森夫人費了很大的勁佈置了一個美觀的鮮花展臺：在一張馬蹄形的桌子中央，鮮豔奪目的熱帶鮮花襯托著一個精緻的噴泉。精明的戴高樂將軍一眼就看出這是女主人為了歡迎他而精心設計製作的，不禁脫口稱讚道：「女主人為舉行一次正式宴會要花很多時間來進行這麼漂亮、雅緻的計劃和佈置。」尼克森夫人聽了，十分高興。事後，她說：「大多數來訪的大人物要嘛不加注意，要嘛不屑為此向女主人道謝，而他總是想到和

講到別人。」事後，在以後的歲月中，不論兩國之間發生什麼事，尼克森夫人始終對戴高樂將軍保持著非常好的印象。可見，一句簡單的讚美的話，會帶來多麼好的反響。

馬克·吐温曾説過：「一句精彩的讚詞可以代替我十天的口糧。」渴望得到讚美是每個人內心中最迫切的需求之一，恰到好處地讚美別人，自然會得到別人的回應與讚美。

在許多場合，適時得當的讚美常常會發揮神奇的功效。林肯曾經説過：「人人都需要讚美，你我都不例外。」在人與人之間，無論是朋友之間、夫妻之間、師生之間、父母和子女之間，還是主管與下屬之間，互相讚美是必不可少的。

有一位著名的企業家給員工陳述了這樣一件事情。在他還是一名見習服務員的時候，常常對生活不滿意。特別是上班的第一天，他在雜貨店裡忙了整整一天，累得筋疲力盡。他的帽子歪向了一邊，工作服上沾滿了點點污漬，雙腳越來越疼。他感到疲倦和洩氣，似乎覺得自己什麼也幹不好。好不容易為一位顧客列完了一張煩瑣的帳單，但是這位顧客的孩子們卻三番五次地要更換，他已經忍耐到了極限。這時候，孩子們的父親一邊給他小費，一

生活厚黑
心理學

邊笑著對他説：「幹得不錯，你對我們照顧得真是太周到了！」突然，他就感覺到疲倦消失得無影無蹤了。

後來，當經理問到他對頭一天的工作感覺如何時，他回答説：「很好！」正是顧客那幾句讚美的話把一切都改變了。

讚美就像是照在人們心靈上的陽光，沒有陽光，我們就無法發育和成長。讚美不僅是一種悦耳的聲音，更是一種力量，一種可以提升我們生活質量的強大力量。

古時候有一個説客，當眾誇下海口説：「小人雖不才，但極能奉承。平生有一願望，就是要將一千頂高帽子戴給我最先遇到的一千個人，現在已送出了九百九十九頂，只剩下最後一頂了。」有個長者聽後搖頭説道：「我偏不信，你那最後一頂用什麼方法也戴不到我的頭上。」説客一聽，忙拱手道：「先生説得極是，不才從南到北，闖了大半輩子，但像先生這樣秉性剛直、不喜奉承的人，委實沒有！」長者頓時手拈鬍鬚，洋洋自得地説：「你真算得上是瞭解我的人啊！」聽了這話，那位説客立即哈哈大笑：「恭喜恭喜，我這最後一頂帽子剛剛送給先生你了。」

雖然這只是一則笑話，但它卻有深刻的寓意。其中

除了那位說客的機智外，更包含了人們無法拒絕讚美之詞的道理。

　　讚美不等於奉承，欣賞不等於諂媚。恭維與欣賞主管的某個特點，意味著肯定這個特點。只要是優點、是長處，對集體有利，你就可以毫無顧忌地表達你的讚美之情。主管也需要從別人的評價中，瞭解自己的成就以及在別人心目中的地位。當受到稱讚時，他的自尊心會得到滿足，並對稱讚者產生好感。

　　你的聰明才智需要得到賞識，但在他面前故意顯示自己，則不免有做作之嫌。主管會因此認為你是一個自大狂，恃才傲慢，盛氣凌人，而在心理上覺得難以相處，彼此間缺乏一種默契。學會說讚美的話，當你托人辦事時，你將會領悟到其中的妙用。

拍馬不驚馬

　　李宗吾説，俗語説：「逢人短命，遇貨添錢。」諸君想必都知道，假如你遇著一個人，你問他幾歲？

　　他答：「今年五十歲了。」

　　你説：「看先生你的面貌，只像三十幾的人，最多不過四十歲罷了。」他聽了，一定很歡喜，是之謂「逢人短命」。

　　又如走到朋友家中，看見一張桌子，問他買成若干錢，他答道：「買成四元。」你説：「這張桌子，普通價值八元，再買得好，也要六元，你真是會買。」他聽了一定也很歡喜，是之謂「遇貨添錢」。

　　這兩招其實都是奉承人的辦法，也就是常説的「拍馬屁」。拍馬屁也是一種功夫，沒有厚臉皮，沒有隨機應變的本領，也是拍不好馬屁的，説不定會拍錯了地方，招來殺身之禍。

　　求人辦事的時候，就要適當的拍馬屁。關於拍馬屁，詞典中解説：「拍馬屁，指奉承人家的意思。」從古

至今，奉承話人人會說，且大都說過。換句話說，人人都做過某種奉承拍馬的事情，但如何做到「拍馬不驚馬」卻是很不容易的事。

有一次，乾隆皇帝問紀曉嵐：「紀卿，『忠孝』二字作何解釋？」

紀曉嵐答道：「君要臣死，臣不得不死，是為忠；父要子亡，子不得不亡，是為孝。」

乾隆立刻說：「那好，朕要你現在就去死。」

「臣領旨！」

乾隆說完就後悔了，但自己是金口玉言，豈能說話不算數。何況邊上有許多大臣，改口就太沒面子了。

紀曉嵐磕頭遵旨，然後匆匆跑到後堂。不一會兒，他就回到乾隆皇帝跟前。乾隆驚訝地問道：「紀卿怎麼沒有死？」

「我遇到屈原了，他不讓我死。」

「此話怎說？」

「我到了河邊，正要往下跳時，屈原從水裡向我走來，他說：『紀曉嵐，你此舉大錯矣！想當年楚王昏庸，我才不得不死，可如今皇上如此聖明，你為什麼要死呢？趕緊回去吧！』」

乾隆聽後放聲大笑，免了紀曉嵐的死罪。

人們總是喜歡被稱讚，無論是男人還是女人都一樣喜歡被稱讚，尤其是喜歡將自己和別人比，將自己比別人說得好一點，這是人性的弱點，也是人的共性。

清朝李鴻章，位高權重，文武百官都想討好他，以便使自己能升個一官半職。有一年，中堂大人李鴻章的夫人過五十大壽，這自然是個送禮的大好時機，壽辰未到，滿朝文武早已開始行動了，生怕自己落在人後。

消息傳到合肥知縣那裡，知縣也想送禮，由於李鴻章祖籍合肥，這可是結攀中堂大人的絕好時機。無奈一個小小知縣囊中羞澀，禮送少了等於沒送，送多了又送不起，這可愁壞了知縣大人。

師爺看透了知縣的心思，滿不在乎地說：「這還不好辦，交給我了。包準你一兩銀子也不花，而且送的禮品讓李大人刮目相看。」

「是嗎？快說是什麼禮物？」

「一副壽聯即可。」

「壽聯？這能行嗎？」

「你儘管放心，此事包在我身上，包你從此飛黃騰達。不過，這壽聯寫好後要由你親自送去，請中堂大人過

　　目，不能疏忽。」

　　知縣滿口答應。第二天，知縣帶著師爺寫好的對聯上路了，他晝夜兼程趕到京城，等到祝壽這日，知縣報了姓名來到李鴻章面前，朝下一跪：「卑職合肥知縣，前來給夫人祝壽！」

　　李鴻章看都沒有看他一眼，隨口命人給他沏茶看座，知縣連忙取出壽聯雙手奉上。

　　李鴻章順手接過，打開上聯：「三月庚辰之前五十大壽。」李鴻章心想，這叫什麼句子？我夫人是二月的生日，這「三月庚辰之前」豈不是廢話？

　　李鴻章又打開下聯：「兩宮太后以下一品夫人。」這「兩宮」即指當時的慈安和慈禧。李鴻章見「兩宮」字樣，不敢怠慢，連忙跪了下來，命人擺好香案，將此聯掛在《麻姑上壽圖》的兩邊。

　　這副對聯深得李鴻章的賞識，自然對合肥知縣另眼相看，而這位知縣也因此官運亨通了。

**　　讚美是溫暖靈魂的力量，任何人都需要讚美。讚美**

就像陽光一樣，沒有它的照射我們就無法生存。

　　我們必須清楚，承認一個人的價值和讚美一個人，與「奉承」是有區別的。

　　「奉承」是毫無事實根據地混淆是非、顛倒黑白，而讚美卻是在他人優點的基礎上適當地加以誇張，因而使聽者感到溫暖，無意中會對說話人產生一種親切感。這是人與人和諧相處的有力武器！

Life Thick

送禮
求人法

救人救急，送禮送需

常言說，「錦上添花，不如雪中送炭」。

「雪中送炭」可以說是「送」的最高境界，因此，「送」的原則，就是想對方之所想，急對方之所急，送對方最急需的東西。

日本前首相田中角榮在擔任自民黨幹事長時，雖然他要忙著主持自民黨選舉事務，但他也不忘記派人將慰問金送到落選的議員家中，並且勉勵他們不要氣餒，下次重新再來。對落選的議員來說，田中角榮的勉勵已經使他們深受感動，而送慰問金，更加深了他們的感激之情。

在此之後，擁戴田中角榮的人越來越多，竟形成了一個「田中派」。

相反，如果田中角榮在此時將相同的金額或禮品送至當選的議員家中，情況就不同了，那些禮品、禮金就成了錦上添花，一點也不特殊，更不能取得效果。

人們對金錢的標準，往往因狀況不同而有很大的差異，因此，精通厚黑術的人更懂得「雪中送炭」遠比「錦

上添花」更有意義。

　　每個人活在這個世上，都不可能不有求於人，也不可能沒有助人之時。但是，怎樣幫才幫得更有意義呢？請記住一條規則：「救人一定要救急，錦上添花，不如雪中送炭。」

　　有成功，就有失敗；有得意者，就有落魄者。或許你昨天還是成功的典範，是一個意氣風發、春風得意的人；到了今天，你就可能由於某種原因而一貧如洗，變成一個普普通通的人，甚至還不如普通人的落魄者……在商品社會，這種現象並不罕見。

　　道理很簡單，如果他人有求於你，說明他正等待著有人來相助；如果你已經應允了，就必須及時兌現。如果他人沒有應急之事，也不會向你求助，因為一般人都不願輕易求人。所以，在別人困難的時候拉別人一把是不會被忘記的。安德海曾在慈禧太后危難之機，為之冒死傳遞詔書，由此深得信任與寵愛。

　　咸豐十一年（西元一八六一年）六月駕崩於承德，享年三十一歲。八大臣即扶六歲的皇太子載淳在靈柩前繼位。在京的王公大臣聞訊後都聚在恭親王那裡議事，對不召恭親王參與此事感到不滿。恭親王雖未作聲，但心裡卻

Life Thick

有了打算。他為了摸清離宮諸人態度，當即寫了一道奏摺，請求去承德奔喪。

肅順等人見奏摺，怕恭親王來後與慈禧太后串通起來對付他們，當下擬旨，説是京師重地留守要緊，且勿來奔喪，一面又加強對慈禧太后的監視。慈禧很火，但因肅順挾持著小皇上，她一時也沒有辦法。

恭親王接到聖旨，知道是肅順搞的，但因為是聖旨，不能違抗，也是急得束手無策。就在這時，軍機大臣文祥以及內務趙主事押了太監安德海來，要見恭親王。

恭親王聞聽這幾個人把安德海押了來，知道其中必有文章，所以當下命門官放他們進來，其他人概不准入內。

安德海是慈禧太后的寵監，怎麼被押入京呢？

這得從恭親王的奏摺説起。恭親王要求去離宮奔喪，被肅順等人借聖上旨意給駁了，此事被安德海知道了，安德海秘密地告訴了慈禧太后。慈禧太后不甘心處於被動地位，她思來想去，心生一計，讓安德海告訴禦史董元醇奏請兩宮太后垂簾聽政。

董元醇遵照慈禧旨意寫了一道奏摺，交給了八大臣。

怡親王載垣看罷奏摺，拍案大罵：「混帳主意，我朝自開國以來，哪有什麼垂簾聽政！」

　　肅順道：「這明明是有人指使，應立刻駁回，免得他人再生事端！」

　　怡親王道：「對！駁回去！」當下提筆在原奏摺上批下了一行字：「如再敢萋言亂政，當即按大清律例加罪處置！」慈禧得知後，氣得渾身發抖，心想：如不除掉肅順這幫人，自己便有生命危險，當下與慈安太后商議。慈安太后本無意垂簾，但架不住慈禧太后一個勁兒地說，而且說得十分危險，於是也動了心。

　　慈禧道：「除了密召恭親王來處置，別無良策，恭親王總是我們弟兄，當今的皇叔呀！」

　　慈安道：「那就叫他來吧。」

　　當下擬了懿旨，可是派誰去送呢？當時兩宮太后發起愁來了。因為肅順等人早已派人嚴守宮門，任何人不得隨便出入。

　　安德海見慈禧愁眉苦臉，便道：「太后，莫不是為那密詔送不出去發愁？」慈禧道：「正是為此，眼下離宮的形勢你也不是不知，明著送不行，可是密送也有閃失。一旦落入他們手中，就要招來殺身之禍。」

安德海道：「老佛爺，奴才願意冒死傳遞詔書。」

慈禧道：「小安子，難得你一片孝心，可是你天天常在我身邊，他們能不注意你，你又能如何出得了離宮？」

安德海道：「老佛爺，你真是聰明一世糊塗一時，當年三國時，曹操與東吳交兵，東吳來了個周瑜打黃蓋，奸詐的曹操不也照樣中計，肅順未必比曹操聰明多少？」

安德海道：「小安子願當那黃蓋。」慈禧：「那豈不苦了我的小安子。」安德海道：「為了太后，奴才粉身碎骨在所不辭，受點兒苦算得了什麼，只要日後主子多疼奴才就心滿意足了。」

次日，慈禧讓太監宮女重新為她佈置寢宮，安德海當眾道：「先皇剛剛駕崩，太后如此安排，恐怕有些不當吧。」

此話顯然惹惱了慈禧，她當即罵道：「大膽奴才，竟敢干預我宮事，來人呀，給我掌嘴！」

幾個人一擁而上，直打得安德海捂著腦袋連喊饒命。

安德海被打個鼻青臉腫，口吐鮮血。慈禧太后仍然怒氣未消，命人將安德海押送京城交內務府懲辦。

安德海苦苦求饒，慈禧哪裡肯聽，當即把手向外一揮，厲聲喝道：「帶走！」安德海被責的消息很快傳遍了離宮，早有人報予了肅順等人，他們聞訊也甚為開心。

怡親王道：「這安德海可是太后的紅人，怎捨得毒打一頓呢？」

鄭親王道：「那小子該打，平日不得人心，沒少在太后跟前說咱們的壞話。」怡親王道：「一個小小的太監，責打一頓就罷了，還送什麼內務府，真是小題大做！」

肅順道：「這位那拉氏被咱們控制起來，她哪裡服氣，一肚子怨氣沒處發洩，這回趕上她的小安子倒楣了，說不定得把命搭上。」眾人邊說邊笑，可是誰也沒想到這裡的文章。

且說安德海被押入京城，到了內務府，押送人交差之後，取了回文，自回承德。

內務府的趙主事不知內情，當下提審安德海。安德海什麼話也沒說，偷偷地向趙主事遞了個眼色，趙主事會意了，知道安德海有話要暗中相告。這位趙主事也是慈禧太后的心腹人，當時他命左右退下，低聲道：「安公公有何話講？」

安德海道：「快快送我去見恭親王，慈禧太后命我前來傳遞密旨，並有要事相告。」

就這樣，恭親王立即去了承德，給了肅順一個措手不及，除掉肅順等八大臣，確立了慈禧太后的地位，安德海也隨之青雲直上。

常言道：「滴水之恩，湧泉相報。」其實，這「滴水之恩」也是分場合的，如果一個人處在極度的困境之中而你施加援手，那麼他便可能會感恩一輩子；與之相反的是，一個人處在順風順水、春風得意時，你給他一點好處，他極有可能「人多忘事」。所以，施人以援手最好在別人處在困境之時，這樣便能起到事半功倍的效果。

二十世紀七〇年代初，石油危機波及香港。香港的塑膠原料全部依賴進口，香港的進口商趁機壟斷價格，將價格炒到廠家難以接受的高位。不少廠家因此被迫停產，瀕臨倒閉。在這個關係許多企業命運的時刻，李嘉誠毫不猶豫地站到了風口。在他的倡議和牽引下，數百家塑膠廠家人股組建了聯合塑膠原料公司。原先單個塑膠廠家無法直接由國外進口塑膠原料，是因為購貨量太小，現在由聯合塑膠原料公司出面，需求量比進口商還大，因此可以直接交易。所購進的原料，按實價分配給股東廠家。在廠家

的聯盟面前，進口商的壟斷不攻自破。籠罩全港塑膠業兩年之久的原料危機一下子結束了。

　　李嘉誠在救業大行動中，還將長江公司的十三萬磅原料以低於市場一半的價格救援停工待料的會員廠家。直接購入國外出口商的原料後，他又把長江本身的二十萬磅配額以原價轉讓給需求量較大的廠家。危難之中得到李嘉誠幫助的廠家達幾百家之多。李嘉誠因而被稱為香港塑膠業的「救世主」。可見在別人危難時伸手援助，可以為自己建立更深厚的群眾基礎，贏得更多的朋友。

　　你在關鍵的時刻幫人一把，別人也會在重要時刻助你一臂之力。初看起來這似乎是等價交換，然而，不管你是一個什麼樣的人，都不可能孤單一人打拼天下，尤其是要使自己的人生局面推廣開來，更離不開與各種各樣的人打交道。要想讓別人將來幫助你，你就必須先付出精力去關心別人、感動別人，這樣才能贏得別人回報的資本。因此，高明的為人技巧就是急人之難，解人於倒懸之中。

求人辦事，禮要先行

人的感情具有物化性，僅用話語來表達你對朋友的關心和友誼不太實際。僅憑兩片嘴唇就能達到辦事成功是不可能的，還要有點物質上的交流。這就需要你運用一些小禮品來溝通與辦事人的關係。

張先生一次開車去看朋友，心想離開朋友家的時候再把禮物從車上拿下來。於是，他空著兩手就進了朋友的家，大家寒暄一番，時近中午，朋友沒有留他的意思。

張先生起身告辭，說：「我買了一些東西，放在車上，我去拿下來。」

朋友一聽，馬上說：「今天中午怎麼能走呢？就在我這裡了。」朋友的妻子也立刻轉身去了廚房。

那次以後，張先生總算明白一個道理，拜訪朋友，採用兵馬未到，糧草先行的策略，先把禮物一放，不管是大是小，是多是少，只要有禮在，包準辦事一路通行。

在別人給你幫過忙之後，再將禮物送去，對方一定會認為你這樣做是理所當然的。如果你從未拜託人家幫

忙，並將禮物煞有其事地送去，受禮者的想法就會大不一樣。他肯定會記著你，一旦有事相求就會竭盡全力幫你。禮要送在用不著朋友的時候，才能盡顯威力。送禮要送在平時，要知道，好的人際關係才是求人成功的基礎。

「無事不登三寶殿」，當你有事的時候，才想起某某朋友可幫上忙，往往會犯大禮不解近憂的錯誤。即使你想提上大包小包的東西，人家也未必會給你這個方便。朋友維繫關係，功在平時，這樣，朋友之間才可能有求必應。常常有這樣的說法：「你瞧這人，用得著的時候才想起我。」說的就是平時不送禮，有事求人了再去送禮。

有一個經理，退休前，每到年底，禮物、賀卡就像雪片一般飛來。可是退休以後，往年訪客不斷，這時卻寥寥無幾了，更沒有人給他送禮了。

正在他心情寂寞的時候，以前的一位下屬帶著禮物來看他，在他任職期間，並不很重視這位職員，可是來拜訪的竟是這個人，不覺使他感動得熱淚盈眶。

過了兩三年，這位經理被原來的公司聘為顧問，當然很自然地重用提拔這個職員。因為他在經理失勢的時候登門拜訪送上了自己的禮物和心意，因此，在經理心中留下了很深刻的印象。同時，讓他產生了「有朝一日，一旦

有機會，我一定得好好回報他」的想法。

　　人們通常出於面子的需要，覺得一件小東西拿不出手，要送就送貨真價實的大禮。錢雖然花了不少，但效果卻未必好。

　　特別是第一次見面你提了那麼重的禮物，人家還以為你有什麼不可告人的目的，誰還敢收？如果主人不肯收，你的處境就尷尬了，提走不是，不提走也不是，於是，你推我讓，最後，難下臺的還是你自己。

　　當然，「禮輕」也要看情況而言，要看對方與你的親密程度。隨著雙方感情越來越深，禮品可以適當地加重一些，但無論你送多重的禮品，都只是為了表示感激對方，不要有其他想法。

　　我們活在一個講「禮」的環境裡，如果你不講「禮」，簡直就寸步難行。送禮要講「手腕」，如果送禮的功夫不到家，就收不到預期的效果。一個人要想能夠成功辦事，就要學習和把握送禮的技巧。

　　一件付出你大量心血、閃爍你誠心的禮品，會使人產生意外的感激之情，其效果即使是最昂貴的珠寶也無法比擬。

中華民族向來是禮儀之邦，「禮」文化源遠流長。即使在今天，禮尚往來也是人際交往的一項重要內容，在那或輕或重、或多或少的禮物中，我們既可以體會到人情締結的溫馨，又可以享受友好往來的歡樂。

　　中國是一個重人情的社會，很多事情靠公事公辦往往辦不成。因此，溝通就成了辦事的必要環節，要想有個良好的溝通就應該有所行動，而送禮就是這種行動的最佳表現。同樣的辦事，有的人送禮就能把事情辦成，有的人送禮就沒有什麼效果。可見，送禮也是一門學問。

Life Thick

廣積人情，辦事不難

從古至今，但凡大政治家或事業上的成功者無不把精神獎勵當做激勵屬下的重要手段，相應地也就產生了獎牌、獎狀之。類的有別於物質的東西。

唐肅宗問功臣李泌：「將來天下平定，你打算要什麼封賞？」

李泌說：「只要能枕在陛下的大腿上睡一覺就心滿意足了。」肅宗聽後大笑，後來，肅宗駕臨保定，李泌像往常一樣，為肅宗打點好行宮，因久等肅宗不到，就躺在自己的床上睡著了。等他醒來睜眼一看，自己居然枕在肅宗的大腿上。李泌大吃一驚，連忙跪地謝罪。

肅宗攬住李泌笑問道：「現在愛卿的願望已經實現，天下何時才得平定？」原來，肅宗到來時，見李泌正在酣睡，就悄悄爬上床，把李泌的頭輕輕放在自己的大腿上，以此了卻了李泌的一大心願。

在厚黑學看來，肅宗以一條大腿付出片刻之勞，這種小小的感情投資，令功臣感激涕零，那簡直太值得了。

由此可見，感情投資不在乎有沒有東西或者東西的多少，有些時候也許一文不值的東西也能籠絡人心。常言道：「士為知己者死，女為悅己者容。」能為知己者死的，必欠下了天大的人情，因此償還人情也就成了他們矢志不渝的目標。

　　西元前二三九年，燕國太子丹在秦國做人質，秦國對他很不友好，太子丹對此懷恨在心，偷偷逃回燕國，於是秦國派大軍向燕國興師問罪。太子丹勢單力薄，難以與秦兵對陣，為報國仇私恨，他廣招天下勇士，去刺殺秦王。

　　荊軻是當時有名的勇士，太子丹把他請到家裡，像招待貴賓一樣，把荊軻照顧得無微不至，終於，打動了荊軻。後來，又對逃到燕國來的秦國叛將樊於期以禮相待，奉為上賓。二人對太子丹感激涕零，發誓要為太子丹報仇雪恨。

　　荊軻雖力敵萬鈞，勇猛異常，但秦王戒備森嚴，五步一崗，十步一哨，且有精兵護衛，接近秦王難於上青天。

　　於是，荊軻對樊於期說：「論我的力氣和武功，刺殺秦王不難，難在無法接近秦王。聽說秦王對你逃到燕國

惱羞成怒，現正以千金懸賞你的人頭，如果我能拿到你的頭，冒充殺了你的勇士，找秦王領賞，就能取得秦王的信任，並可趁機殺掉他。」

樊於期聽罷毫不猶豫，拔劍自刎。

荊軻帶著樊於期的人頭和督亢地方的地圖，去見秦王，這兩件東西都是秦王想要得到的，但他未能殺掉秦王，反被秦王擒殺，只為後人留下了「風蕭蕭兮易水寒，壯士一去兮不復還」的悲壯詩句和「圖窮匕見」的故事。

樊於期之所以能「獻頭」，荊軻之所以能「捨命刺秦王」，完全是為了回報太子丹的禮遇之恩。「投桃報李」、「滴水之恩，湧泉相報」，足以說明「恩惠」對人心感化的巨大作用。

誰都知道有了「人情」好辦事，但「人情」是有限的，就像銀行存款一樣，你存進去的多，取的就多，存的少，取的就少。你若和別人只是泛泛之交，你困難時別人幫你的可能性就很小。如果你平時多儲蓄些「人情」，甚至不惜血本地進行感情投資，那麼當你急著要求人辦事時就不至於犯難了。

春秋時，楚莊王勵精圖治，國富民強，手下戰將眾多，個個都肯為他賣命。楚莊王也極力籠絡這批戰將，經

生活厚黑
心理學

常宴請他們。

一天，楚莊王大宴眾將。君臣們喝得極其痛快，不覺天色漸晚。楚莊王命人點上蠟燭，繼續喝酒，又讓自己的寵姬出來向眾將勸酒。

突然間，一陣狂風吹過，廳堂裡的燈燭全部被吹滅了，四周一片漆黑。猛然間，楚莊王聽得勸酒的愛姬尖叫一聲。楚莊王忙問：「何事？」寵姬在黑暗中摸索過來，附在楚莊王耳邊哭訴：「燈一滅，有位將軍無禮，偷偷摟抱臣妾。已被我偷偷拔取了他的盔纓，請大王查找無盔纓之人，重重治罪，為臣妾出氣。」

楚莊王聞聽，心中勃然大怒，自己對眾將這樣寵愛，竟有不遜之人，膽敢戲弄我的愛姬，真乃無禮至極！定要查出此人，殺一儆百！

他剛要下令點燈查找，但又一轉念：這幫戰將都是曾為我流過血、賣過命的人，我若為了這點小事殺一位戰將，其他戰將定會寒心，以後誰還會真心誠意地為我賣命呢？失去這批戰將，我將憑什麼稱霸中原呢？俗話說，小不忍則亂大謀，還是隱忍一下，放過這等小事，收買人心要緊。主意已定，他低聲勸寵姬道：「卿且去後堂休息，我定查出此人為你出氣。」

Life Thick

　　等那寵姬離開廳堂，楚莊王便下令說：「今日玩得甚是痛快，大家都把盔纓拔下來，喝個痛快。」

　　大家在黑暗中都不知就裡，不明白大王為何讓大家拔下盔纓，但既然大王有令，就只好照辦了。

　　這時，那位肇事的將軍在酒醉之中闖下大禍，聽到莊王寵姬尖叫，嚇得酒也醒了，心想這次必死無疑了。等大王命令大家拔盔纓時，他伸手一摸，盔纓早已沒有了，才明白大王的用心良苦。

　　等大家都拔去盔纓，楚莊王才下令點上燈燭，繼續暢飲。那位肇事的將軍也因此對楚莊王有了一份特殊的感恩，下定了以死效忠的決心。

　　自此以後，每逢戰鬥，都有一位楚將衝鋒陷陣，拼命地出擊作戰。楚莊王細細查問，才知道他就是那位被寵姬拔掉盔纓的將軍。

**　　厚黑學認為，人是有感情的動物，人人都有愛的需要，都會有仁慈心、同情心。因此，透過滿足別人人性的需要、感情的饑渴而進行投資，達到辦事的目的。**

給人好處，要不著痕跡

說話辦事時，給人送禮，很容易引起反感。尤其是對方還是一個自稱「正人君子」的人。這時，高明的求人者，會把送人情這件事做得水到渠成，不留痕跡，卻讓對方真真切切地感受到他的「好意」。

奪取西川是劉備的既定方針和基本戰略目標，但是「蜀道之難，難於上青天」。欲取西川，必須先獲取西川地理圖本，以便詳細瞭解西川的複雜地形。正當劉備準備進兵西川時，益州別駕張松來了。

張松是奉劉璋之命攜帶金珠錦綺為進獻之物前往許都的，任務是聯結曹操，共治張魯。行前，張松還有一個打算，隨身暗藏畫好的西川地理圖本，到許都視機而行，「獻西川州郡與曹操」。

張松的行跡，諸葛亮早使人隨時打聽著。沒想到他到許昌之後，曹操表現出一副驕橫傲慢的樣子，對他的遊說反應十分冷淡，一氣之下，他挾圖離開了許昌。可是他離開益州時在劉璋面前誇過海口，這次倘若無功而返，空

手而歸，又怕被人取笑。他突然一想，早就聽說荊州的劉備仁高義厚，美名遠播，我何不繞道走一趟荊州，看看劉備究竟是何等人物，然後再作定奪，於是改道來到荊州。

張松人是主動來了，但他也並非等閒之輩，要想讓他心甘情願獻出這張圖絕非易事。劉備和諸葛亮為了得到這張地圖，可謂是煞費苦心，其運用引而不發、欲揚故抑的策略也確實達到了出神入化的地步。《三國演義》第六十回生動而形象地描寫了這場「戲」。

張松乘馬引僕從望荊州界上而來。行至郢州界口，忽見一隊軍馬，約有五百餘騎，為首一員大將，輕裝軟扮，勒馬前問曰：「來者莫非張別駕乎？」

松曰：「然也。」

那將慌忙下馬，曰：「趙雲等候多時。」

松下馬答禮曰：「莫非常山趙子龍乎？」

雲曰：「然也。某奉主公劉玄德之命，為大夫遠涉路途，勒馬驅馳，特命趙雲聊奉酒食。」言罷，軍士跪奉酒食，雲敬進之。

松自思曰：「人言劉玄德寬仁愛客，今果如此。」遂與趙雲飲了數杯，上馬同行。來到荊州界首，是日天晚，前到館驛，見驛門外百餘人侍立，擊鼓相接。

一將於馬前施禮曰：「奉兄長將令，為大夫遠涉風塵，令關某灑掃驛庭，以待歇宿。」松下馬，與雲長、趙雲同入館舍，講禮敍坐。須臾，排上酒筵，二人殷勤相勸。飲至更闌，方始罷席，宿了一宵。

次日早膳畢，上馬行不到三五里，只見一簇人馬到。乃是玄德引著臥龍、鳳雛，親自來接。遙見張松，早先下馬等候，松亦慌忙下馬相見。

玄德曰：「久聞大夫高名，如雷貫耳。恨雲山超遠，不得聽教。倘蒙不棄，到荒州暫歇片時，以敍渴仰之思，實為萬幸！」松遂上馬並轡入城。至府堂上個個敍禮，分賓主依次而坐，設宴款待。飲酒間，玄德只說閒話，並不提起西川之事。

松以言挑之曰：「今皇叔守荊州，還有幾郡？」

孔明答曰：「荊州乃暫借東吳的，每每使人取討。今我主因是東吳女婿，故權且在此安身。」

松曰：「東吳據六郡八十一州，民強國富，猶且不足耶？」

龐統曰：「吾主漢朝皇叔，反不能佔據州郡；其他皆漢之蟊賊，卻都恃強侵佔地土；唯智者不平焉。」

玄德曰：「二公休言。吾有何德，敢多望乎？」

　　松曰：「不然。明公乃漢室宗親，仁義充塞乎四海。休道佔據州郡，便代正統而居帝位，亦非分外。」

　　玄德拱手謝曰：「公言太過，備何敢當！」

　　自此一連留張松飲宴三日，從不提起川中之事。張松告辭準備返回益州，劉備又在十里長亭設宴送行。

　　劉備舉酒壺親自為張松斟酒，嘴裡說道：「承蒙張大夫不見外，故能留住三天，今日一別，不知何時方得賜教。」說完不覺潸然落淚。

　　張松暗地尋思：「劉備如此寬仁愛士，實在難得，我也有些不忍捨他而去，不如勸他取兵攻打西川。」

　　於是說道：「我也朝思暮想在你鞍前馬後侍候，只是未得其便。據我看來，你現在雖據有荊州，但南面孫權虎視眈眈，北面的曹操又常有鯨吞之意，恐怕不是久居之地呀？」

　　劉備說：「我也知道嚴峻的形勢，但苦於再無別的安身之所啊！」

　　張松又說：「益州地域，地理險塞，沃野千里，乃天府之國。凡有才幹的智士仁人，很早就仰慕皇叔你的功德，倘若你願意率荊州之眾，直指西川，則肯定霸業可成，漢室可興。」

生活厚黑
心理學

劉備一聽此言，故作震驚，慌忙答道：「我哪敢有如此妄想。據守益州的劉璋也是帝室宗親，又長久恩澤西川黎民，別人豈能輕易動搖他的統治？」

此時的張松已完全落入劉備和諸葛亮的圈套，而且步步走向圈套的核心還不覺察，一聽劉備這番話，更敬佩他的寬仁厚道，於是把心裡話掏出來了：「我勸劉皇叔進取西川，並不是賣主求榮，而是今天遇到了明主，不得不一吐肺腑。劉璋雖據有西川之地，但他本性懦弱，且是非難分，又不能任賢用能。況且北面的張魯時有進犯之意。現在西川人心渙散，有志之人都希望擇主而事。我這次本來受命去結交曹操，沒想到他傲賢慢士，冷淡於我，一氣之下我棄他而來見你。你若是先取西川為基礎，然後向北發展圖得漢中，最後收取中原，匡扶漢室，將有名垂青史的大功。你要是願意進取西川，張松我願意效犬馬之勞，以做內應，不知你的意見如何？」

此時的劉備，見時機成熟，開始收緊套環，進入正題，但仍不露聲色，只是無可奈何地說道：「我對你的厚愛，表示深深的感謝，無奈劉璋與我同宗，同宗相拼，恐怕落得天下人笑話呀！」此時的張松已是不能自已了，生怕這筆「交易」做不成，錯過機會，反過來還去做劉備的

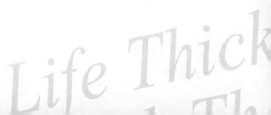

動員工作，只見他急切地説道：「大丈夫處世，理當建功立業，哪能如此瞻前顧後、婆婆媽媽的。今天你若不取西川，他日為別人所取，那就悔之恨晚了！」直到這時，劉備的談話才涉及與地圖有關的事。

他説道：「我聽説西川之地，道路崎嶇，千山萬水，雙輪車無法通過，連兩馬並行的路都沒有，就算想進軍，也苦無良策啊！」張松終於和盤托出了。

他忙從袖中取出一張圖，遞給劉備説：「我深感皇叔盛德，才獻出此圖給你，一看此圖，便對西川的地形地貌一目了然了。」劉備略為展開一看，只見上面盡寫著地理行程，遠近闊狹，山川險要，府庫錢糧一一俱載明白。劉備看到地圖到手，自然高興不已。

可是張松還嫌不夠，進而説道：「我在西川還有兩個摯友，名叫法正、孟達，皇叔你欲進西川，他二人也肯定願意相助。下次他二人若到荆州，你完全可以心腹事相商。」

直到這時，劉備和諸葛亮共同導演的而由劉備主演的這場「索圖戲」方可以謝幕。如果劉備見張松之後開口便提如何取西川，或酒過三巡便索要西川地圖，那麼，劉備的形象必然會在張松心目中黯然失色，陡然渺小起來，

張松在荊州就會倍加警惕，左右權衡。即使劉備硬逼強搶，得到的也只是一張「死地圖」，而張松、法正等一批西川人才就難為劉備所用，甚至陡增對抗。

明明是在求人，而給人的感覺卻是在施恩；本來了無大功，只順水推舟，卻兩邊討好，大得人情，這就是劉備的高明之處。

儘管厚黑之士認為人與人之間的關係歸根結底是一種交換和利用關係，但求人畢竟有別於市場的交換行為，不能太直來直去。

周靈王二十六年，吳國攻打楚國。楚國令尹屈建利用誘敵之計，大敗吳國。

周靈王二十七年，楚國國王楚康公為報吳國伐楚之仇，準備討伐吳國，派他的弟弟公子圍率兵出戰。

吳國得知消息後，以守為攻，屯重兵於江口堅守。楚國見吳國有所準備，不易取勝，就轉而攻打一直歸附於晉國的鄭國。

雙方交戰，鄭國自然不是對手。楚國大夫穿封戍活捉了鄭國大將皇頡，大勝而歸。

楚康公的弟弟公子圍，也想在主公面前領功請賞，便想從穿封戍手中奪走皇頡，將此功據為己有，穿封戍當

然不從。

　　公子圍仗著是楚康公的弟弟，便來了個惡人先告狀。他對楚康公說：「我捉住了鄭國大將皇頡，不料卻被穿封戌奪去。」過了一會兒，穿封戌押著皇頡前來領賞，並向楚康公陳述公子圍要從他手中搶奪皇頡、冒功領賞之事。兩人各說各有理，楚康公一時不知誰真誰假，便命太宰伯州犁來決斷。伯州犁早就有心奉迎公子圍，只是平時沒有機會。現在楚康公要他決斷公子圍與穿封戌的爭論，真是天賜一個向公子圍獻媚的好機會。

　　他對楚康公說：「俘虜是鄭國的大夫，並非普通將士，只要問問他便真相大白。」楚康公認為這是一個好主意，於是命皇頡站在庭下，伯州犁站在他的右邊，公子圍、穿封戌站在他的左邊。

　　伯州犁先把雙手向公子圍高高拱起，向皇頡介紹說：「這位是公子圍，是我們國君的弟弟。」然後，又對著穿封戌，雙手在下邊拱了拱，向皇頡說：「這位是穿封戌，是方城外邊的縣尹。到底是他倆誰將你抓到的？你要從實說來。」

　　皇頡雖然當了俘虜，但畢竟是鄭國大將，對伯州犁的眼神、動作所表現出的一切，早已領悟，為了活命，也

為了討好公子圍，便佯裝看了看四周，回答說：「我遇公子圍，戰他不過而被俘。」穿封戌聽了大為憤怒，順手從兵器架上抓起一戈，發瘋般地朝公子圍刺去，嚇得公子圍急忙跑開。

伯州犁見狀，忙走上前去，一面竭力勸解，一面請求楚康公對兩人都記功獎賞，又親自設酒宴，勸二人和好。結果是皆大歡喜。

伯州犁這個人情送得可謂不露聲色，手段高明至極，堪稱典範。他的高明之處就在於，稍有心計的人便可看出在行巴結之事，但無論多有口才的人也難責備其決斷不公平。即使強有責備，也只能說皇頡冤冤相報，幹伯州犁何事。

假人之手，行我之事，真是絕了！現實生活也是這樣，話不在詞語，看你怎樣說；事不在種類，看你怎麼做；一個動作，一個語調，甚或一個眼神，寓意可能就完全不同了。要真正理解其中奧妙，是從書本上學不到的，只有自己慢慢去體會，去揣摩。

給人一個幫你的理由

　　「自我推銷」是一種藝術。戰國時代，古人就以他們的智慧和經驗，創造出了「自我推銷術」。這種推銷術方法很多，形式也各不一樣。說客們穿梭於各國的權貴之間，抓住一切機會表現自己，推銷自己。

　　張儀是「連橫」策略的創始人之一，他從魏國一名不起眼的說客，一躍而成為秦魏的宰相，以滔滔辯才登上萬眾矚目的政治舞臺，執戰國政局之牛耳，可謂真正大丈夫。連司馬遷也不得不承認，他是一位「傾危之士」（十分危險的人），同時他還是一位「厚黑之士」。像張儀這種完全靠自己的遊說來謀得顯赫地位和財富的人，在戰國時並不少見。

　　西元前六八〇年，齊桓公奉周朝天子的命令統率陳、曹、齊三國兵馬討伐宋國。桓公命管仲為前部先行。管仲一行人到行山腳下，這時他們遇見一個身穿短衣短褲，頭戴破草帽，赤著雙腳的放牛人。此人拍牛角而高歌。管仲觀看此人雖衣衫襤褸但相貌不凡，於是派人以酒

生活厚黑心理學

肉慰勞。並把放牛人喚到跟前與之交談，交談中得知此人名叫甯戚，衛國人。管仲問其所學，放牛人對答流利，表現出非凡的學問和膽識。管仲歎了口氣說道：「豪傑埋沒於此，如不引薦，何時才能顯露才華？」遂修書一封，讓甯戚轉呈桓公。

三天過後，桓公的車仗到了那個地方，甯戚又拍著牛角唱道：「南山燦，白石爛，中有鮮魚長尺半。生不逢堯與舜禪，短褐單衣至骨幹。從昏飯牛至夜半，長夜漫漫何時旦。」

桓公當時聽了就非常驚訝，他下車問他道：「你這區區一個放牛之人，怎麼敢如此大膽竟然譏謗朝政？」甯戚說：「小人怎敢譏謗朝政。我聽說堯舜之時，正百官而諸侯服，去四凶而天下安，不言而信，不怒而威。而今北杏開會，宋國君臣半夜逃跑；柯地會盟，曹沫又來行刺。現在您假天王之命，以令諸侯，欺侮弱小的國家，如此以往，何時天下才得太平。」

桓公聽了勃然大怒，大聲喝道：「匹夫出言不遜！」喝令斬首。

甯戚面不改色，仰天歎日：「梁王殺了關龍逢，紂王殺了比干，今天您殺了我，我就是與關龍逢、比干齊名

的第三條好漢了。」

齊桓公看到甯戚膽識過人，怒氣頓時就消了一大半，命人與之鬆綁。這時甯戚才將管仲留下的書信交給桓公。桓公大喜說道：「既有仲父的書信，為什麼不早呈寡人？」

甯戚回答說：「我聽說賢德的君主擇人而用，賢良的臣子也擇主而仕，您如果不喜歡直言敢諫而喜歡逢迎，那麼我寧死也不會交出管相國的書信。」桓公當晚在蠟燭光下，拜甯戚為大夫，讓他和管仲一起同參國政。後來甯戚為桓公遊說宋國，宋國不戰而降，加入盟約。

「標新立異」往往能獲得一種注意，同時也會得到一種認可。甯戚一開始並不展示管仲的書信，而是陳述自己的觀點，這首先就被認可了，最後再呈現出書信就會更加使人欽佩。

在歷史事件中我們可以得到啟示，要求人者可能有很多，競爭也可能異常激烈，因此，要想使所求之人接納自己。並重用自己，或為自己辦事，必須使出全部招數，使盡全力去遊說。在辯論的時候，必須有創意有新的見解，最好是能給人留下一種獨特的印象。要讓所求之人，因感動而接納，這便需要相當奇妙的機智。如果言辭不夠

動聽技巧笨拙，不但自己推銷不出去，話語不被接受，反而會給自己帶來不必要的禍害。正因如此，古時的説客們不得不殫精竭慮，想盡一切推銷自己的方法，去打動君主。這些對於今天想要求人者會有巨大的借鑑作用。

在漢武帝劉徹即位後，熱衷於召集天下的賢能之士。告示貼出沒幾天，便有近千人上書推薦自己。這些自薦者使用的平庸方式並沒有引起武帝注意，但當他看到東方朔的自薦書時，他感到相當震撼。

當時並沒有紙張，推薦書是寫在竹簡上的，而令人震驚的是，東方朔的上書長達三千多片竹簡。漢武帝閱讀著東方朔的上書，遇到中間停頓休息時，便在其間按印作標記，然後再讀下去，這樣花了兩個月的時間，才將竹簡讀完。

三千張竹簡，最多不過十天就可以看完，為何武帝要花兩個月的時間呢？這是因為東方朔的上書內容太精彩了，武帝覺得，一次讀完未免可惜，寧願分段逐次看完方過癮。

《漢書》裡有東方朔上書中的一段：

「臣朔少失父母，為兄嫂所養。臣十三而學文史之用；十五學劍；十六學詩書；十九請孫武兵法……所讀共

二十二萬言；臣勇若孟吧賁，捷似慶忌，廉如鮑叔，信如尾生，如是，則足以為天子之臣矣！」

我們從這裡可以看出東方朔臉皮是夠厚的，也是由於他敢於如此吹噓自己，才會引起武帝的注意，讓武帝對他刮目相看，這就是厚黑學中的給自己臉上貼金。

後來武帝下令召東方朔進宮，他的自薦戰術無疑獲得了最後成功。東方朔從近千人中脫穎而出，固然因為他文采出眾，但更重要的是他思維敏捷，懂得使用技高一籌的自我介紹法，所以獲得了成功。

自我介紹是求人的起點，然而如何透過自我介紹來表現出自己的價值和分量，如何溝通與對方的感情，使對方承認並接受，是一門並不簡單的學問。

齊國有個叫馮諼的人，非常貧困，連自己都不能養活，然而他卻是一個足智多謀的人。他託人把自己推薦給門下有食客三千的孟嘗君，情願寄居孟門之下討一口飯吃。

孟嘗君問：「客人有什麼愛好？」

馮諼不是那種善於表白自己的人，他為了考察孟嘗君，就對孟嘗君說：「我沒什麼愛好。」

「客人能做些什麼呢？」

生活厚黑
心理學

「我也沒什麼大的才能。」

「好吧。」於是孟嘗君笑了笑，同意接收他，左右的人以為孟嘗君很輕視馮諼，就把粗劣的飯菜送給他吃。

過了幾天，馮諼靠在柱子上，敲著自己的寶劍，唱道：「長長的寶劍啊，咱們回去吧！吃飯沒魚。」

孟嘗君知道了這件事情後，對手下的人說：「讓他吃魚，和中等門客同等對待。」

又過了幾天，馮諼敲著他的劍唱道：「長長的寶劍啊。咱們回去吧！出門車都沒有。」左右的人都恥笑他，也把這事告訴孟嘗君。孟嘗君說：「給他備車，和門下有車的客人一樣對待。」

於是馮諼乘著他的車，高舉著寶劍去拜訪他的朋友說：「孟嘗君能把我當客人對待。」但又過了幾天，馮諼再次敲著寶劍唱道：「長長的寶劍，咱們回去吧！沒有東西養家啊。」孟嘗君透過別人問道：「馮先生有親人嗎？」答曰：「有位老母親。」於是孟嘗君派人供給他母親衣食費用，不讓她缺少什麼。

從此之後，馮諼對孟嘗君十分感激，而孟嘗君對馮諼也產生了一種獨特的看法，後來孟嘗君讓他去收債，而他卻讓薛地的老百姓把債券都燒掉了，並說那是孟嘗君的

仁義，也是因為如此，當孟嘗君回到薛地的時候受到了老百姓們熱烈的歡迎。

從此，孟嘗君把馮諼作為心腹看待。馮諼後又為孟嘗君營造三窟，令孟嘗君高枕無憂。

在「厚黑之士」看來，要想求人成功，從眾多求人者中脫穎而出，就要讓別人注意自己，要用自己的言行影響別人，要懂得危言才能聳昕、獨特才能脫穎而出的道理。

難言之事巧開口

難言時如何開口，以下幾點對我們可能有所幫助。

一、借他人之口替自己說話

在西安事變前夕，張學良和楊虎城頻繁晤面，都有心對蔣介石發難。可是在對方沒表明態度之前，誰也不敢輕易開口。時間越來越緊，可是雙方都是欲說還休。楊虎城手下有個著名的黨員叫王炳南，和張學良也都是舊識。在又一次晤面中，楊虎城便以他投石問路，說道：「王炳南是個激進分子，他主張扣留蔣介石！」張學良及時說道：「我看這也不失為一個辦法。」於是，兩位將軍開始商談行動計劃。

二、在幽默的玩笑話中道出實事

莊重嚴肅的話題會使人緊張慎重，而輕鬆幽默的話題，往往能引起感情上的愉悅。在條件允許的情況下，最好能把莊重嚴肅的話題用輕鬆幽默的形式說出來，這樣對方可能更容易接受。

一個剛畢業的大學生在一家外商企業工作，在較短

Life Thick

的時間內，連續兩次提出合理化建議，使生產成本分別下降百分之十到二十，主管非常高興，對他説：「好好幹，我不會虧待你的。」

這名大學生當然知道這句話可能意義重大，也可能不值一文。他想要點實在的，便輕鬆一笑，説：「我想你會把這句話放到我的薪水袋裡。」主管會心一笑，爽快應道：「會的，一定會的。」不久他就獲得了一個大紅包和加薪獎勵。

面對主管的鼓勵，大學生如果不是這樣俏皮，而是坐下來認真嚴肅地提出加薪要求，並擺出理由若干條，結果可能會適得其反。

三、轉個彎子，套出對方的話

有時，一些話自己説出來顯得很難為情，這時，誘導對方先開口無疑是好辦法。

李某準備借助於好友劉某的路子做筆大生意，在他將一筆鉅款交給劉某的第二天，劉某暴病身亡。李某立刻陷入了兩難境地：若開口追款，太刺激劉某的親人；若不提此事，自己的局面又難以支撐。

幫忙料理完後事，李某對劉的妻子説：「真沒想到劉哥就這麼突然地走了，我們的合作才開始啊。這樣吧，

嫂子，劉哥的那些關係戶你也認識，你就出面把這筆生意繼續做下去吧！需要我跑腿的時候儘管說，吃苦花力氣的事情我不怕。」

看他絲毫沒有追款的意思，還豪氣沖天，義氣感人，劉的妻子很是感動。其實他明知劉妻沒有能力也沒有心思幹下去，話中又加上巧妙的提醒：我只能跑腿花力氣，卻不熟悉這些門路；困難不小而且時不我待。

結果呢？劉妻反過來安慰他道：「這次出事讓你生意上受損失了，我也沒法幹下去了，你還是把錢拿回去再找機會吧。」

四、用商量的口氣

用商量的口氣把要求辦的事說出來不失為一種高明的辦法。如：「能快點幫我把這事給辦一下嗎？」

在向別人提出建議時，如果從對方話語中看出人家可能不具備有關條件或意願，那就不要強人所難，這樣也顯得很有分寸。

五、採用婉求、誘導法

美國《紐約日報》總編輯雷特想找一位精明幹練的助理，他把目光瞄準了年輕的約翰·海。當時約翰剛從西班牙首都馬德里卸任外交官職，正準備回到家鄉伊利諾州

從事律師事務。

雷特請他到聯盟俱樂部吃飯。飯後，他提議請約翰‧海到報社去玩玩。在這期間，雷特從許多電訊中，找到了一條重要消息。那時恰巧國外新聞的編輯不在，於是他對約翰説：「請坐下來，幫我為明天的報紙寫一段關於這消息的社論吧。」約翰自然無法拒絕，於是提起筆來就寫。社論寫得很棒，於是雷特請他再幫忙頂缺一星期、一個月，漸漸地乾脆讓他擔任這一職務。約翰就這樣在不知不覺中放棄了回家鄉做律師的計劃，而留在紐約做新聞記者了。由此人們總結出一條求人辦事兒的規律：央求不如婉求，勸導不如誘導。

六、變相「要脅」

一位老師是個非常熱心的教育家。有一天，她到附近的圖書館去，想借一些有關教育的書籍。她詢問圖書館內的管理員：「一個禮拜能否借二十五冊書？」

圖書館的管理員告訴她：

「一個人一次只能借走兩冊，這是無法通融的。因為要借書的人太多了。」這個老師聽了這些話後，很激動地説：

「我知道，那麼，以後我每週都帶學生來，讓他們

每人都借一本。」原來很頑固的圖書館管理員，聽了她的話後，突然改變了態度，取消了原來的規定。

　　在這件事中，最令人痛快的莫過於，當這位老師提出要讓每一個同學來借書時，圖書館管理員就打破了要遵守規定的規則。圖書館管理員雖然知道應該遵守規定，但他又厭惡繁雜的工作，對工作不熱心，所以才做出上面的決定。

　　當我們遇到麻煩事想求助他人時，會不知怎麼開口，畢竟有些不好意思。而事實上，只要掌握了一定的厚黑口才技巧，就不會覺得開口是件難事了。

Life Thick

永續圖書
線上購物網

www.foreverbooks.com.tw

◆ 加入會員即享活動及會員折扣。

◆ 每月均有優惠活動，期期不同。

◆ 新加入會員三天內訂購書籍不限本數金額，
即贈送精選書籍一本。（依網站標示為主）

專業圖書發行、書局經銷、圖書出版

▶ **生活厚黑心理學**　　　　　　　　　　（讀品讀者回函卡）

■ 謝謝您購買本書，請詳細填寫本卡各欄後寄回，我們每月將抽選一百名回函讀者寄出精美禮物，並享有生日當月購書優惠！
想知道更多更即時的消息，請搜尋"永續圖書粉絲團"

■ 您也可以使用傳真或是掃描圖檔寄回公司信箱，謝謝。
傳真電話：（02）8647-3660　　　信箱：yungjiuh@ms45.hinet.net

◆ 姓名：　　　　　　　　　　　　　□男　□女　　　　□單身　□已婚

◆ 生日：　　　　　　　　　　　　　□非會員　　　　□已是會員

◆ E-Mail：　　　　　　　　　電話：（　）

◆ 地址：

◆ 學歷：□高中及以下　　□專科或大學　　□研究所以上　　□其他

◆ 職業：□學生　　□資訊　　□製造　　□行銷　　□服務　　□金融

　　　　□傳播　　□公教　　□軍警　　□自由　　□家管　　□其他

◆ 閱讀嗜好：□兩性　　□心理　　□勵志　　□傳記　　□文學　　□健康

　　　　　　□財經　　□企管　　□行銷　　□休閒　　□小說　　□其他

◆ 您平均一年購書：□ 5本以下　　□ 6～10本　　□ 11～20本

　　　　　　　　　　□ 21～30本以下　　□ 30本以上

◆ 購買此書的金額：

◆ 購自：　　　　　　　　市（縣）
　　□連鎖書店　　□一般書局　　□量販店　　□超商　　□書展
　　□郵購　　□網路訂購　　□其他

◆ 您購買此書的原因：□書名　　□作者　　□內容　　□封面
　　　　　　　　　　　□版面設計　　□其他

◆ 建議改進：□內容　　□封面　　□版面設計　　□其他
　　您的建議：

2 2 1-0 3

新北市汐止區大同路三段 194 號 9 樓之 1

讀品文化事業有限公司　收

電話/(02)8647-3663　　傳真/(02)8647-3660
劃撥帳號/18669219　　永續圖書有限公司

請沿此虛線對折免貼郵票或以傳真、掃描方式寄回本公司，謝謝！

讀好書品嘗人生的美味

生活厚黑心理學